btb

Im Frühjahr 1969 sucht Jane Mixer eine Mitfahrgelegenheit, ihre ersten Semesterferien will sie zu Hause in Muskegon, Michigan, verbringen. Dort angekommen ist sie nie: Sie wird brutal ermordet, ihre Leiche am nächsten Tag ein paar Meilen vom Campus entfernt gefunden. Jahrzehntelang gilt der Fall als ungelöst, bis er 2004 erneut aufgenommen wird – durch einen positiven DNA-Abgleich wird ein neuer Verdächtiger identifiziert und vor Gericht gestellt.

Ein wahrer Fall: Maggie Nelson schreibt über den brutalen Mord an ihrer Tante Jane und über unsere sensationslüsterne Gesellschaft. Mit großer gedanklicher Offenheit begleitet sie den Prozess, der den Mordfall nach 35 Jahren wieder aufrollt – und versucht dabei, das Wesen von Trauer, Gerechtigkeit und Empathie zu ergründen.

Maggie Nelson, geboren 1973, ist Dichterin, Kritikerin und Essayistin. Sie unterrichtet an der University of Southern California und lebt mit ihrer Familie in Los Angeles. 2016 erhielt Maggie Nelson den MacArthur »Genius« Award. 2017 erschien in deutscher Übersetzung »Die Argonauten«, für das sie mit dem National Book Critics Circle Award ausgezeichnet wurde. Zuletzt erschien »Freiheit«.

Jan Wilm ist Schriftsteller, Literaturkritiker und Übersetzer und unterrichtet an der Heinrich-Heine-Universität in Düsseldorf im Fachbereich »Literaturübersetzen«.

Maggie Nelson

Die roten Stellen

Aus dem amerikanischen Englisch
von Jan Wilm

btb

Die englische Originalausgabe erschien unter dem Titel
»The Red Parts: Autobiography of a Trial« bei Free Press,
a devision of Simon & Schuster, Inc., New York.

MIX
Papier | Fördert
gute Waldnutzung
FSC® C014496

Penguin Random House Verlagsgruppe FSC® N001967

1. Auflage
Genehmigte Taschenbuchausgabe März 2024
btb Verlag in der Penguin Random House Verlagsgruppe GmbH,
Neumarkter Str. 28, 81673 München

Umschlaggestaltung: semper smile | München,
nach einem Entwurf von Anzinger & Rasp
unter Verwendung einer Illustration von © Suzanne Dean
Druck und Einband: GGP Media GmbH, Pößneck
MSP · Herstellung: sc
Printed in Germany
ISBN 978-3-442-77120-2

www.btb-verlag.de
www.facebook.com/penguinbuecher

Dieses Buch ist ein Memoir, und das soll heißen, es stützt sich auf meine Erinnerung; es besteht in erster Linie aus meinen persönlichen Interpretationen der Ereignisse und, wo dies gekennzeichnet ist, aus der Nachempfindung dieser Ereignisse mit Hilfe meiner Vorstellungskraft. Gespräche und andere Geschehnisse wurden nachgebildet, um das Wesen des Gesagten oder Gewesenen zu evozieren, jedoch ist es nicht die Absicht, perfekte Repräsentationen zu erzielen.

Für Christina Crosby und Janet Jakobsen,
die sich im Feuer schulen und
der Welt gerecht werden.

Denn es ist nichts verborgen, das nicht offenbar werde,
und ist nichts Heimliches, das nicht hervorkomme.

LUKAS 12,2

[S]chon in jedem Erkennen-Wollen ist
ein Tropfen Grausamkeit.

NIETZSCHE

VORWORT

Zu Beginn von Peter Handkes *Wunschloses Unglück* – ein niederschmetternder Splitter von einem Buch, das Handke angeblich in den beiden direkt auf den Selbstmord seiner Mutter folgenden Monaten verfasste – schreibt er: »Es ist inzwischen fast sieben Wochen her, seit meine Mutter tot ist, und ich möchte mich an die Arbeit machen, bevor das Bedürfnis, über sie zu schreiben, das bei der Beerdigung so stark war, sich in die stumpfsinnige Sprachlosigkeit zurückverwandelt, mit der ich auf die Nachricht von dem Selbstmord reagierte. Ja, an die Arbeit machen … Ich beschäftige mich literarisch, wie auch sonst, veräußerlicht und versachlicht zu einer Erinnerungs- und Formuliermaschine.«

Die Wiederaufnahme des Mordfalls meiner Tante Jane im Jahr 2005 – wenn auch nicht annähernd so eine körperliche Katastrophe wie der Selbstmord einer Mutter – erzeugte in mir eine auffallend ähnliche Stimmung. Nachdem ich am Prozess gegen den Verdächtigen im Juli 2005 teilgenommen hatte, verspürte ich einen heftigen Drang, all die Details aufzuzeichnen, bevor sie verschluckt würden, sei es durch Angst, Trauer, Vergessen oder Schrecken; einen Drang, mich und mein Material in ein ästhetisches Objekt zu verwandeln – eines, das neben oder anstelle oder zumindest als Hindernis im Weg der stumpfsinnigen Sprachlosigkeit stehen könnte, die Erinnern und Formulieren unmöglich macht. Ungefähr so. Nach dem Prozess, *nel mezzo del camin*, richtete ich mich in einer mir vollends fremden Stadt (Los Angeles) ein und schrieb diesen Bericht in einem Geisteszustand von gesteigerter Konzentration und gelegentlicher Verwegenheit. *Wunschloses Unglück* befand sich die gesamte Zeit über auf meinem Schreibtisch, als Ansporn und Anführer. *Ja, an die Arbeit machen.*

Welche Auswirkung haben Jahre, gar Jahrzehnte, auf einen Text, der ganz bewusst die turbulenten, rohen und gehetzten Umstände seiner Komposition und Publikation beglaubigt? Im Fall von Handkes Buch fühlt sich das Ergebnis nicht weniger spannungsgeladen an, doch die Zeit hat ihm eine gewisse Unheimlichkeit beigemischt – jene von einer psychologischen Bedrängnis, die schaurig, schön in jenem außerzeitlichen Raum schwebt, den die Literatur zu erschaffen vermag. Ich kann lediglich hoffen, dass etwas Ähnliches über diese Edition von *Die roten Stellen* gesagt werden könnte, die mir das zweifache Glück bereitete, das Buch (zumindest für den Moment) vor einer anderen Art von stumpfsinniger Sprachlosigkeit zu bewahren – der der Nichtverfügbarkeit –, und *Die roten Stellen* dabei als eine Art Buch erscheinen lässt, die ich mir für dieses Werk immer erhofft hatte: als eine eigentümliche, emphatische Meditation über die Beziehung von Zeit zu Gewalt, zu Trauer, die dankenswerterweise abgetrennt ist von den grellen Rubriken namens »Tagesgeschehen«, »True Crime« oder sogar »Memoir«.

Ein Ziel, das ich während des Schreibens hatte, war es, den Ereignissen des Mordprozesses, den Ereignissen meiner Kindheit, den Ereignissen von Janes Ermordung und dem Akt des Schreibens zu gestatten, sich einen einzelnen, gemeinsamen räumlichen und zeitlichen Moment zu teilen. An einem Punkt in *Die roten Stellen* wird diese Vermischung imaginiert als ein Ort, »[i]rgendeine dunkle Landsichel, wo Leiden im Wesentlichen bedeutungslos ist, wo die Gegenwart ohne Vorwarnung in die Vergangenheit zerfällt, wo wir den Schicksalen, die wir am meisten fürchten, nicht entkommen können, wo starker Regen fällt und die toten Körper aus ihren Gräbern gespült werden, wo Trauer für alle Ewigkeit währt und ihr Einfluss niemals schwindet.« Ich bin froh, sagen zu können, dass die verordnende Strenge dieses Bildes für mich verblasst ist, zumindest für den Moment. Doch die Wichtigkeit, sich zu gestatten (ich sollte sagen, mir zu gestatten), eine Weile lang in Echtzeit in seinem Griff zu verharren, ist nicht verblasst. Ich bin dankbar – einmal mehr –, diesen Bericht aus dem Feld übermitteln zu können.

MAGGIE NELSON, LOS ANGELES, 2015

MORDGEMÜT

Wir haben allen Grund zu der Annahme, dass sich dieser Fall rasch auf einen erfolgreichen Abschluss zubewegt.

Dies waren die Worte, die ein Detective der Michigan State Police eines Nachmittags Anfang November 2004 per Telefon an meine Mutter richtete. Nachdem sie aufgelegt hatte, rief mich meine Mutter an und wiederholte seine Botschaft.

Seine Worte überwältigten mich. Als sie die Worte sprach, sah ich, wie der Flur meines Apartments langsam zur Seite kippte, als sei hier alles kurz davor, zu einem Lachkabinett zu werden.

Seine Worte hatten auch sie überwältigt. Sie hatte den Anruf auf ihrem Handy entgegengenommen, als sie gerade mit ihrem Wagen unterwegs war, und sie hatte unmittelbar neben der staubigen Straße in der Nähe ihres Hauses in Northern California anhalten müssen, um die Wucht dieser Worte verarbeiten zu können.

Der Fall, um den es sich handelte, war der Mord an ihrer jüngeren Schwester Jane Mixer im Jahr 1969, der die letzten 35 Jahre offiziell als ungelöst galt. Der Detective teilte ihr mit, er habe die letzten fünf Jahre über fieberhaft an dem Fall gearbeitet, habe meine Mutter jedoch nicht benachrichtigen wollen, ehe eine Festnahme unmittelbar bevorstand. Und jetzt tat sie das.

Die Nachricht an sich wäre schon schockierend gewesen, doch der Zeitpunkt dieser Nachricht machte sie unheimlich.

Die letzten fünf Jahre hindurch habe auch ich fieberhaft an dem Mordfall meiner Tante gearbeitet, wenn auch aus einer anderen Perspektive. Ich hatte recherchiert und einen Gedichtband mit dem Titel *Jane: A Murder* über ihr Leben und ihren Tod geschrieben, dessen Veröffentlichung nun bevorstand. Ich hatte nicht geahnt, dass die Ermittlungen zum Mord an Jane noch andauerten; mein Buch handelte von einem ungelösten Mordfall, einem Cold Case, den die Ermittler vor langer Zeit zu den Akten gelegt hatten. Das Buch handelte davon, wie man leben könnte – oder eher, wie meine Familie lebte, wie ich lebte –, wenn man im Schatten des Todes eines Familienmitglieds stand, das offenkundig einen schrecklichen und furchtbaren Tod gestorben war, jedoch unter Umständen, die für alle Zeit unbekannt bleiben würden, unbekannt, unerkennbar.

Wenn ich diesen Detective – Detective-Sergeant Eric Schroeder – am 14. Januar 2005 zum ersten Mal treffe, während einer Voranhörung des Verdächtigen Gary Earl Leiterman, wird er mich umarmen und sagen: *Ich wette, Sie haben gedacht, dass Sie über all die Jahre ganz allein daran gearbeitet hatten.*

Tatsächlich, das hatte ich.

Ich wuchs auf mit dem Wissen, dass meine Mutter eine jüngere Schwester namens Jane hatte, die ermordet worden war, doch das war in etwa alles, was ich wusste. Ich wusste, Jane war 23 Jahre alt, als sie starb, und befand sich in ihrem ersten Studienjahr an der juristischen Fakultät der University of Michigan. Ich wusste, meine Mutter war zu der Zeit 25 und gerade frisch mit meinem Vater verheiratet. Weder meine Schwester Emily noch ich selbst waren zu dieser Zeit schon auf der Welt. Wir wurden im Norden Kaliforniens geboren, wo unsere Eltern in der Folge von Janes Tod hingezogen waren – Emily 1971, ich 1973.

Als ich aufwuchs, hatte ich eine vage Ahnung, dass die Tode anderer Mädchen auf irgendeine Weise mit Janes Ermordung in Verbindung standen, allerdings wusste ich nicht, auf welche Weise. Dann, eines Nachmittags – allein zu Hause, etwa 13 Jahre alt –, war ich im Arbeitszimmer meiner Mutter auf der Suche nach Lektüre bei einem Buchrücken hängengeblieben, der mir zuvor noch nie aufgefallen war. Obwohl das Buch fast außer Blick- und Reichweite stand, stach unter den anspruchsvollen literarischen Klassikern, die meine Mutter las und unterrichtete, der grelle, klatschpressehafte Schriftzug hervor, der lautete: *The Michigan Murders, Die Morde in Michigan*. Ich stieg auf einen Stuhl, um das dicke Taschenbuch herunterzuholen.

Diese simple Handlung war begleitet von einer übertragenen Angst, denn der erste von vielen Knochen, die ich mir als Kind brach – in diesem Fall ein gebrochener Ellbogen, der Wiederherstellungschirurgie und wochenlange Unbeweglichkeit in einem Streckverband nach sich zog –, war das Ergebnis der Besteigung eines Bücherregals auf der Jagd nach einem Buch. Passiert war dieser Unfall in einem Buchladen in Sausolito, der Hafenstadt außerhalb von San Francisco, wo ich die ersten Jahre meines Lebens verbrachte. Ich war zu jener Zeit erst zwei Jahre alt, doch ich erinnere mich an einen hellbunten Hasen auf dem Titelbild des Buchs, und ich erinnere mich an den verzweifelten Wunsch, ihn haben zu wollen.

Nach diesem Unfall hatte ich einen wiederkehrenden Traum. Es war ein Traum über das Fallen – oder Springen – vom Carport unseres Hauses in Sausolito in die Einfahrt darunter, also in meinen Tod. Ich muss sehr klein gewesen sein, als ich diesen

Traum träumte, drei vielleicht. In dem Traum strömt eine Menschenmenge herbei, um meinen Körper zu begutachten, der am unteren Ende der Einfahrt liegt, als wäre sie der Fuß eines steilen Amphitheaters. Es ist schwer, sich jetzt an die Stimmung des Traumes zu erinnern: Ich erinnere mich an einen Schrecken über mein Handeln, ein Gefühl von Distanziertheit, eine tiefe Traurigkeit und ein gewisses Unbehagen darüber, dass mein Körper als Leiche begutachtet wird.

Das Cover von *The Michigan Murders* zeigt ein falsches Foto eines Models, das mit Farrah Fawcett Ähnlichkeit hatte, dessen obere Gesichtshälfte sich abschälte und darunter ein Infrarot-Negativ preisgab. Die farbliche Gestaltung und die Grafik, gemischt mit der Verstohlenheit, die ich empfand, als ich es betrachtete – sie riefen mir sofort eine bestimmte Ausgabe des *Playboy* ins Gedächtnis, mit dessen genauer Analyse ich eine geraume Zeit im Badezimmer meines Vaters zugebracht hatte: die Valentinstags-Ausgabe von 1980 mit Suzanne Somers. Ich erinnere mich, dass mein Vater ein Faible für Suzanne Somers gehabt hatte.

Ich schlug die erste Seite von *The Michigan Murders* auf und las: *In einem Zeitraum von zwei Jahren wurden sieben junge Frauen im Washtenaw County auf so brutale Weise ermordet, dass der Boston-Würger im Vergleich dazu wie ein Sterbehelfer aussieht.*

Begierig blätterte ich durch das Buch, und ich dürstete danach, darin etwas – irgendetwas – über Jane und über meine Familie zu finden. Ich begriff sehr schnell, dass alle Namen geändert worden waren. Doch ich ahnte, dass ich der Sache näher kam, als ich las:

> Ein Polizist hatte das Jahrbuch der Klasse von 1968 der University of Michigan [zum Tatort] gebracht, und das darin befindliche lächelnde Ebenbild der Studentin Jeanne Lisa Holder aus Muskegon, Michigan, hatte tatsächlich Ähnlichkeit mit dem verschwollenen Gesicht der jungen Frau, die leblos, alle viere von sich gestreckt, auf dem Pleasantview-Friedhof lag.

»Jeanne Lisa Holder« hatte eine Ähnlichkeit mit »Jane Louise Mixer«. Eine Schicht hatte begonnen, sich abzuschälen.

Jahre später, mitten im Dickicht der Recherche und der Schreibarbeit an *Jane,* war das Problem nicht, dass es zu wenig Informationen gab. Es waren zu viele. Nicht was Jane betraf – ihre Ermordung blieb auf unerträgliche Weise undurchsichtig –, sondern die anderen jungen Frauen, deren furchtbare Vergewaltigungs- und Mordfälle auf qualvoll detaillierte Weise in den damaligen Zeitungen, einigen True-Crime-Büchern und auf vielen »*serial killer chick*«-Webseiten beschrieben worden waren. Es gab Diagramme, wie jenes in der *Detroit Free Press* vom 28. Juli 1969, das unter dem Titel »Ein Muster des Todes: Eine Anatomie von sieben brutalen Morden« erschien und die Einzelheiten der Taten nach Kategorien ordnete: »Zuletzt gesehen«, »Fundort«, »Art des Mordes«, »Andere Verletzungen«, und so weiter. Die Einträge waren kaum zu ertragen.

Während meiner Recherchen begann ich an etwas zu leiden, das ich mein »Mordgemüt« nannte. Den ganzen Tag über gelang es mir, mit einer gewissen Distanziertheit an meinem Projekt zu arbeiten und dabei munter in meinem Reimlexikon die Worte »Kugel« oder »Schädel« nachzuschlagen. Nachts allerdings musste ich feststellen, wie mich im Bett brockenweise widerwärtige Bilder von Gewalttaten heimsuchten. Wiederholungen der Gewaltakte gegen Jane, gegen die anderen Mädchen der Michigan-Morde, gegen die geliebten Menschen in meinem Leben, gegen meine Angehörigen, gegen mich selbst und manchmal, am furchtbarsten, Gewaltakte, ausgeführt von mir selbst. Diese Bilder stürmten in beliebigen Abständen durch meinen Verstand, doch dabei stets wiederkehrend mit derselben schlagenden, umklammernden Gewalt des Verdrängten.

Ich harrte aus, größtenteils, weil mir ein Endpunkt gesetzt worden war: Das Veröffentlichungsdatum von *Jane* an meinem 32. Geburtstag im März 2005. Sobald ich das Buch in Händen hielte, wäre ich erlöst. Ich würde mich anderen Projekten widmen, die nichts mit Mord zu tun hätten. Ich würde niemals zurückblicken.

Die Wiederaufnahme von Janes Fall wischte jede dieser Hoffnungen restlos beiseite.

Im Herbst 2004 zog ich aus New York City, wo ich seit vielen Jahren gelebt hatte, in einen kleinen Ort in Connecticut, um für ein Jahr an einem College zu unterrichten. Der Ort trug den treffenden Namen Middletown: mitten im Staat, mitten im Nirgendwo. Meine dortige Wohnung war wunderbar – das Erdgeschoss eines wackeligen Hauses aus dem 19. Jahrhundert, vierzig Mal so geräumig wie jedes Apartment, das ich mir in New York hätte leisten können. Meinen Schreibtisch richtete ich in einem reizenden Raum ein, den meine Vermieterin mir als den »Ponderosa Room« vorstellte – ein mahagonigetäfelter Wintergarten mit Fenstern an drei Seiten.

Anfang Oktober, etwa einen Monat vor Schroeders Anruf, schickte ich meiner Mutter die Druckfahnen von *Jane* zu ihrem sechzigsten Geburtstag. Ich war nervös; ich wusste, das Buch würde ihr die Einzelheiten einer Geschichte in Erinnerung rufen, die sie seit 35 Jahren versucht hatte hinter sich zu lassen. Mehr als nervös – ich hatte Angst. Als ich das Päckchen an ihre Adresse in Kalifornien fertig machte, kam mir der Gedanke, dass das Buch vielleicht überhaupt nicht als Geschenk angesehen werden könnte. Falls sie es abscheulich fände, könnte es als ein geburtstagszerstörendes Disaster aufgefasst werden, als Bombe, als Verrat.

Ich war ungemein erleichtert, als meine Mutter mich nach dem Lesen des Manuskripts anrief. Sie weinte und sagte, sie werde ewig dankbar sein, sowohl dem Buch als auch mir. Sie meinte, es sei ein Wunder: Obwohl ich Jane nie gekannt hatte, sei es mir gelungen, sie auf eine Weise zurück ins Leben zu holen.

Auch für mich fühlte sich das wie ein Wunder an. Ich hatte nie geglaubt, »meine Jane« könne sich an die »reale Jane« annähern; ich hatte es noch nicht einmal darauf angelegt. Aber wer auch immer »meine Jane« war, sie war zweifellos am Leben gewesen mit mir, für mich, für einige Zeit. Das Titelbild war bereits vor längerer Zeit gestaltet worden und hing monatelang an meiner Wand, und ein trotziges, androgynes, grell beleuchtetes Porträt von Jane mit dreizehn Jahren, das mein Großvater gemacht hatte, blickte mir tagtäglich herausfordernd ins Gesicht. Das Buch enthielt auch eine Reihe von Tagebucheinträgen, die ich Janes eigenen Texten entnommen hatte, was bedeutete, dass das Durchsehen des Manuskripts – womit ich mich gerade beschäftigt hatte, als meine Mutter mich an jenem Novembernachmittag anrief – unweigerlich bedeutete, Janes Stimme mit derselben Aufmerksamkeit zu begegnen wie meiner eigenen.

Um sicherzugehen, dass ich Jane exakt genug traf, hatte ich ihre Tagebücher ausgegraben, und es war in jenem Herbst alles andere als ungewöhnlich, dass ich auf dem dunklen Holzboden meines Ponderosa Room saß, umgeben von einem Meer aus Papieren, die alle von ihrer eleganten Handschrift beschrieben waren. Als ich nun zu ihnen zurückkehrte, war ich erneut getroffen von ihrer gequälten Unsicherheit, die sich häufig in Schüben von sich selbst maßregelnden, rhetorischen Fragen äußerte, und ich war getroffen davon, wie diese Unsicherheit aufs Heftigste – sogar aufs Traurigste – im Kontrast zu ihren offensichtlichen Stärken der Artikulation und Emotion standen. Dieser Kontrast zieht sich durch all ihre Schriftstücke, von ihrer Kindheit bis in ihre College-Zeit. Mehr noch als das: Er ist ihr eigentlicher Antrieb. In Wahrheit war dies der Grund, warum ich ursprünglich über sie schreiben wollte, ebenso sehr wie – oder mehr als – die bizarren und schrecklichen Umstände ihres Todes.

> Hab niemals Angst, dir selbst zu widersprechen. Doch was gibt es zu widersprechen? Wäre es möglich, dass ich letztendlich sehr einfältig bin – und sehr falsch liege? Du bist ein gutes Mädchen, Jane. Gut für was? Wer bin ich, dies zu beurteilen? Was war 1965? Was wurde gelernt? Was erreicht? Verloren? Geliebt? Gehasst? Was denkst du wirklich? Wie erklärst du dich? Warum weiß ich nie, was ich morgen sein werde? Welches Recht haben wir auf Glück?

Auch wenn ich nicht wollte, hierin erkannte ich mich selbst wieder. Ich hätte Janes selbstzweiflerische Seelenqualen lieber den Verwirrungen zugeschrieben, die es mit sich bringt, als überschwängliches, grüblerisches, ehrgeiziges Mädchen in den konservativen, patriarchalen 1950er Jahren aufzuwachsen – Verwirrungen, die von mehreren Jahrzehnten Feminismus aufgelöst und weggespült hätten sein sollen, als ich auf ihre Worte stieß.

Und jetzt hatte ein Detective angerufen, um zu berichten, dass man während der Ermittlungen in Janes Fall auf eine DNA-Übereinstimmung gestoßen war und dass man Gewissheit habe, den richtigen Typen gefunden zu haben – einen Krankenpfleger, der nichts mit John Norman Collins zu tun hatte, ebenjenem Mann, der 1970 für den letzten Michigan-Mord schuldig gesprochen worden war und den die meisten immer für den Schuldigen an all den anderen Morden gehalten hatten. Schroeder sagte uns, dieser neue Verdächtige würde nun überwacht und binnen einiger Wochen verhaftet werden. Man habe allen Grund zu der Annahme, dass sich dieser Fall nun bald auf einen erfolgreichen Abschluss zubewegen würde.

Am Tag vor Thanksgiving 2004 wurde Leiterman tatsächlich in Gewahrsam genommen, wegen Mordverdachts und ohne die Möglichkeit, gegen Kaution freizukommen; er blieb in Haft bis zu seinem Prozess, der am 11. Juli 2005 begann und bis zum 22. Juli 2005 andauerte. Die Angst, die meine ersten Streifzüge in Janes Geschichte begleitete, zerstreute sich während dieser acht Monate allerdings nicht.

Sie nahm eine andere Form an. Sie wuchs.

Als der Winter sich über Middletown senkte, wurde aus dem Sonnenzimmer das Schneezimmer, und mein Mordgemüt war zurück. Morgens gab ich vor, zu wissen, wie man vor einer Gruppe unschuldig aussehender junger Studierender Shakespeare lehrt, um dann nach Hause zu kommen und mit Mordermittlern zu telefonieren und mich durch die Bücherstapel zu wühlen, die ich aus der naturwissenschaftlichen Bibliothek ausgeliehen hatte – als Versuch, mit den Entwicklungen in Janes Fall Schritt zu halten: *DNA für Dummies,* Lehrbücher der klinischen Psychologie mit Titeln wie *Sexualmord: Katathymische und zwanghafte Mordhandlungen*. Nur ein einziges Mal blätterte ich durch die Fallstudien in *Sexualmord* und fühlte mich trotzdem, als hätte man mich mit einer tödlichen Krankheit infiziert. Nachts war ich häufig lange wach, unfähig, in den Schlaf zu finden, und ich ging, mit meinem blauen Bademantel bekleidet, in der Hand ein klingelndes Glas Whiskey mit Eis, in meinem Ponderosa Room auf und ab, während ich zusah, wie sich der Schnee bedrohlich vor den Fenstern auftürmte. Ich begann, mich wie ein Gespenst zu fühlen, mir selbst eine Fremde. Es war nicht ganz so schlimm wie in *Shining,* doch manchmal war es nahe dran. Immerhin hatte Jack Nicholson eine Familie, die seinen Niedergang bezeugte und bedauerte. In etwas ausgelasseneren Momenten fühlte ich mich wie John Berryman – ein Dinosaurier, ein Dichter, gefangen in einem gotischen College-Dörfchen, ein zotteliger, ruchloser Akademiker, der zu trübseligen Partys ging, die Frauen wechselte, und gelegentlich, sturzbetrunken, in den Vorgarten eines Kollegen kackte. Allein, in Middletown gab es derartige Partys nicht.

Kurzum, die Idealvorstellung einer seelischen Reinigung, die mir während des Schreibens von *Jane* als naiver, aber wahrhaftiger Ansporn gedient hatte, begann brüchig zu werden und offenbarte sich als die Tücke, für die ich sie die gesamte Zeit über in Verdacht gehabt hatte. Meine Identifikation mit meiner Tante –, die der Hauptstrang von *Jane* gewesen war und die wohl das Ergebnis einer Identitätsverwechslung durch meinen Großvater darstellte, der mich, solange ich mich erinnern kann, »Jane« und nicht »Maggie« nannte –, sie fing an, sich entweder wie ein Schwindel oder wie ein Schrecken anzufühlen. Ich hatte *Jane* in der Annahme begonnen, dass die Verdrängung von Janes furchtbarem Tod in meiner Familie ein Beispiel für missglücktes Trauern darstellte, das mein Buch als ungesunde Restspur eines durch Skandinavien und den Mittleren Westen geprägten Erbes entlarven könnte – ein unerbittliches Szenario von Ingmar Bergman, das in dem kleinen Seedörfchen Muskegon, Michigan, durchgespielt wurde –, und dass ich ein erfolgreicheres Modell als Alternative anbieten könnte.

Die Hybris dieser Vorstellung ist mir heute in vollem Maße bewusst. Wenn ich heute an »missglücktes« oder »erfolgreiches« Trauern denke, empfinde ich nichts als Verwirrung. Und über diese Verwirrung hinaus die Schärfe eines formlosen, ausgelassenen Zorns – ein übermütiges Protestieren, ein unkontrolliertes, siedendes, wildes Ereignis, das sich unter meiner Haut vollzieht.

Foto #1:
Ein Kreis männlicher Detectives, die um die verhüllte Form von Janes totem Körper herumstehen. Fotografiert durch die Maschen des Drahtzaunes, mit Blick auf den Friedhof von Denton. Von den Hüften aufwärts sind die Männer auf dem Bild abgeschnitten, so dass alles, was zu sehen ist,

aus einer Reihe von Mantelenden der Trenchcoats und passenden schwarzen Schuhen besteht. Janes Leiche liegt vor ihnen auf dem Boden, Kopf und Oberkörper sind durch ihren Regenmantel verhüllt. Einer ihrer Arme guckt wie verirrt darunter hervor, gespenstisch weiß, über ihren Kopf geschlagen, als wäre sie nicht tot, sondern bloß vollkommen erschöpft.

EIN ERBE

In einer seiner letzten psychoanalytischen Schriften schrieb D. W. Winnicott: *Ich behaupte, daß das, was uns klinisch als Angst vor dem Zusammenbruch begegnet, die Angst vor einem Zusammenbruch ist, der bereits erlebt wurde.* Für mich war diese Aussage immer eine Quelle von erstaunlichem Trost. Jahrelang verstand ich sie so, dass man längst durchs Feuer gegangen ist, dass man längst an dem Ort gewesen ist, der einem am meisten Angst macht, dass man längst wieder von diesem Ort zurückgekehrt ist.

Erst vor kurzem habe ich begriffen, dass Winnicott damit nicht meint, Zusammenbrüche würden nicht wiederkehren. Jetzt erkenne ich, dass er vielleicht genau das Gegenteil meint: dass die Angst vor dem Zusammenbruch in unserer Vergangenheit vielleicht gerade den Grund dafür darstellen mag, warum wir ihn in unserer Zukunft wiederholen.

Um für die Semesterferien Ende März 1969 zu ihren Eltern in Muskegon zu gelangen, heftete Jane eine Anzeige ans schwarze Brett für Mitfahrgelegenheiten an der University of Michigan. Sie wollte nach Hause reisen, um ihre Verlobung mit ihrem Freund Phil bekanntzugeben. Phil war Professor für Wirtschaftswissenschaften und engagierte sich, wie auch Jane selbst, in der Studentenbewegung. Da sie wusste, ihre Eltern wären nicht mit der Verlobung einverstanden, wollte sie zunächst allein nach Hause fahren, um ihnen etwas Zeit zu geben, um die Nachricht zu verdauen, bevor Phil ein paar Tage später zu ihnen stoßen würde. Per Telefon arrangierte sie eine Mitfahrgelegenheit mit einem Mann, der, ohne dass sie es ahnte, einen falschen Namen angegeben hatte. Phil verabschiedete sich von ihr gegen halb sieben Uhr abends in ihrem Zimmer im Studentenwohnheim der juristischen Fakultät; ihre Leiche fand man am nächsten Morgen ungefähr vierzehn Meilen außerhalb von Ann Arbor. Sie starb durch zwei Kopfschüsse – einer in ihrer linken Schläfe, der andere im linken, unteren Teil ihres Schädels. Als sie schon tot war oder als sie sich rasch dem Tode näherte, wurde sie brutal erdrosselt, mit einem Strumpf, der nicht ihr eigener war. Ihre Leiche wurde auf den kleinen Dorffriedhof von Denton geschleppt, der sich am Ende einer Schotterstraße befand, die unter den Einwohnern als Lover's Lane bekannt war, und dort wurde ihr Leichnam auf einem fremden Grab hinterlassen. Ihr Trägerkleid war hochgezerrt, ihre Strumpfhose heruntergezerrt, ihre Habseligkeiten waren akribisch zwischen ihren Beinen und um ihren Körper herum angeordnet, und ihre Leiche war mit einem Regenmantel bedeckt worden.

Nach Janes Ermordung – der dritte in einer Reihe von sieben Mordverbrechen – entwickelte meine Mutter die Angst, sie könne das nächste Opfer sein. Da der Fall ungelöst war, blieb ihre Angst bestehen. Selbst der Gang zum Grab ihrer Schwester wurde zum gefahrvollen Unterfangen, denn die Polizei hatte die Familie informiert, Janes Mörder könne womöglich ebenfalls diesen Ort aufsuchen. Jane zu betrauern hieß buchstäblich das Risiko eingehen, ihrem Mörder zu begegnen.

Während ich an *Jane* schrieb, wurde mir klar, dass diese Angst auch zu mir durchgesickert war. Ein Erbe. Auch wusste ich durch jahrelanges Schauen von Filmen, dass die Polizistin – oder, auch beliebt, die Professorin – immer für ihre Neugierde und ihre Abgeklärtheit bestraft wird, indem sie selbst zum Ziel des Mörders wird. *Ein Mann kopiert die berüchtigtsten Serienmorde der Geschichte. Einen nach dem anderen. Zwei Frauen müssen ihn stoppen, bevor er das nächste Mal zuschlägt. Oder sie sind selbst die Nächsten.* So lautet die Ankündigung des Films *Copy Kill* von 1995 mit Sigourney Weaver als alkoholkranker, agoraphoben Professorin für »Serienkiller-Studien« und Holly Hunter als ihrem Pendant, der abgeklärten Schnüfflerin.

Ich versuchte etwas Lustiges zu finden in den cineastischen selbstverherrlichenden Bildern, in denen ich mir ausmalte, wie ich auf ein entscheidendes Beweisstück stoßen könnte, das die »Fachleute« übersehen hatten, oder wie ich eines Tages in einem Buchladen aus *Jane* lesen würde, während ihr Mörder heimlich unter den Besuchern im Publikum saß. Ich rief mir ins Gedächtnis, dass es sich bei Janes Mörder durchaus um John Collins gehandelt haben könnte, und ich sagte mir, selbst wenn Collins es nicht getan hätte, so wäre ihr Mörder vielleicht gar nicht mehr am Leben – oder wenn er noch lebte, so säße er vermutlich wegen einer anderen Straftat im Gefängnis. Und selbst wenn er noch am Leben und auf freiem Fuß war, so ging die Wahrscheinlichkeit gegen null, dass er jemals seine Nase in einen Gedichtband stecken würde, selbst wenn sich auf dem Cover ein Foto meiner Tante befand. Es war einer der wenigen Momente in meinem Leben, in denen mich der obskure kulturelle Status der Lyrik ermutigte.

Jeder noch so kleingeistige Seelenklempner – wie auch

jede Schriftstellerkollegin und jeder Schriftstellerkollege – hätte darauf hinweisen können, dass die Bedrohung, die ich durch den Phantom-Mörder meiner Tante fürchtete – zusammen mit meiner klammheimlichen Hoffnung, ihn auf irgendeine Weise heraufzubeschwören –, eben nichts anderes war als eine zugespitzte, gebrauchsfertige Metapher für all die wilden Hoffnungen und Ängste, die mit dem Akt des Schreibens einhergehen können, besonders dann, wenn man über Familiengeschichten schreibt, die die eigene Familie lieber unberührt, unerzählt ließe. Einige wiesen mich tatsächlich auch genau darauf hin.

All das schien durchaus nach der Wahrheit angesiedelt, bis Schroeder anrief und die Metapher zum Kollabieren brachte.

Nachdem *Jane* im März 2005 erschienen ist, wird Schroeder jedes Gedicht mit einem Leuchtstift in der Hand durchgehen. Wir werden uns bezüglich einiger Details austauschen – woher hatte ich die Information über den Zeitpunkt eines Telefonanrufs, den Jane angeblich am Abend ihrer Ermordung getätigt haben soll; weiß ich, wie er das Kondolenzbuch von Janes Beerdigung finden kann, das ich erwähne; und so weiter.

Ehrlich gesagt ist es das erste Buch mit Gedichten, das ich je gelesen habe, wird er mir schreiben.

Ich werde zurückschreiben, ebenso ehrlich, dass es das erste Buch mit meinen Gedichten ist, in dem von einem Beamten der Mordkommission etwas mit einem Leuchtstift angestrichen worden ist.

In den Wochen vor Leitermans Verhaftung konnte ich nicht anders, als Schroeder zu fragen, ob er der Meinung sei, Leiterman stelle irgendeine Bedrohung für mich oder meine Familie dar. Es war eine peinliche Frage; sie schien Jahre von angestauter Irrationalität ans Tageslicht zu wuchten. Doch noch verwirrender war der Gedanke, dass ein Mann, der über Generationen das Objekt von Familienängsten gewesen war, jetzt jeden Morgen aufstand, mit seiner Familie plauderte und seinem Tagesgeschäft nachging, ohne auch nur die leiseste Ahnung von seiner unmittelbar bevorstehenden Verhaftung zu haben oder von den aufgeregten Telefongesprächen, die jetzt täglich zwischen meiner Familie und der Michigan State Police stattfanden. Auch hatte die Polizei klargemacht, dass er unter keinen Umständen von den Ermittlungen erfahren dürfe, da das Risiko bestand, er könne fliehen, sich selbst oder jemand anderen verletzen.

Schroeder antwortete mir auf freundliche Weise. Er sagte, ich solle mir keine Sorgen machen, Leiterman sei wie ein abgehalfterter Weihnachtsmann mit einem Herzfehler und einer schweren Schmerzmittelsucht. *Lassen Sie es mich so sagen: Er wird kaum durch irgendein Fenster eingestiegen kommen.* Er setzte hinzu, dass er, ohne mich bereits getroffen zu haben, darauf wetten könnte, dass ich in der Lage wäre, dem Typen problemlos zu entwischen.

Hätte man meine Mutter vor einigen Jahren gefragt, ob der Mord an Jane die Erziehung ihrer beiden Töchter beeinflusst habe, hätte sie gesagt, nein, das habe er nicht. In einem Fernseh-Interview, das sie und ich schließlich der Sendung *48 Hours Mys-*

tery auf CBS während des Prozesses gegen Leiterman gegeben haben, sagte meine Mutter der attraktiven, vollbusigen Reporterin, dass sie der Meinung war, sie sei immer viel zu »kontrolliert« gewesen, um zuzulassen, dass der Tod ihrer Schwester ihr eigenes Verhalten auf irgendeine substantielle Weise beeinflusst. Die Erkenntnis, dass sie vielleicht nicht so »kontrolliert« war, wie sie glaubte – eine Erkenntnis, die teilweise entstanden war durch ihre Lektüre von *Jane*, in dem die vielen Jahre nachvollzogen werden, in denen sie Türen und vieles andere verrammelte –, diese Erkenntnis versetzte sie in Schrecken.

Meine Mutter ist nach wie vor ähnlich in Schrecken versetzt durch die Tatsache, dass ihr Körper Hunger bekommt, zur Toilette gehen muss oder auf Umweltbedingungen wie Höhe oder Temperatur reagiert. Sie träumt von einem undurchdringlichen, autarken Körper, einem Körper, der nicht irgendwelchen unkontrollierbaren Bedürfnissen oder Verlangen ausgesetzt ist, ob es nun die eigenen oder jene anderer Menschen sind. Sie träumt von einem Körper, der nicht verletzt, beschädigt werden oder erkranken kann, außer wenn er sich dafür entscheidet.

Kürzlich erlitt meine Mutter einen Sturz, während sie mit meiner Schwester Emily telefonierte. Sie stürzte auf ihren Küchenboden, und einer ihrer Zähne schlug heftig gegen ihre Oberlippe. Wochenlang war die Lippe bis zur Unkenntlichkeit angeschwollen, und der Zahn starb ab; schließlich benötigte sie eine Wurzelbehandlung. Am Telefon hatte meine Schwester nicht die geringste Ahnung davon, dass unsere Mutter gestürzt war, denn sie hatte währenddessen einfach weitergeredet. Wenn Emily und ich sie wegen dieser Vertuschung heute aufziehen, protestiert sie: *Was für einen Zweck hätte es denn bloß gehabt,*

Emily zu sagen, dass ich einen Unfall gehabt habe? Sie hätte mir nicht helfen können, und sie hätte sich bloß Sorgen gemacht.

Sie sagt, der Sturz sei zu peinlich gewesen, um ihn zu erwähnen. Ich antworte, es wäre vielleicht gut gewesen, ihn zu erwähnen, einfach nur, weil er passiert ist. Wir könnten genauso gut durch die jeweiligen Enden einer Papprolle miteinander sprechen.

Zu der Zeit, als meine Mutter und ich uns beim Interview mit *48 Hours Mystery* befinden – nebeneinandersitzend in einem holzvertäfelten Raum in der juristischen Fakultät der University of Michigan, den CBS für den Dreh belegt und mit Früchten, Kaffee und Keksen ausgestattet hat –, ist der letzte Tag der Verhandlungen gegen Leiterman angebrochen, und wir werden Wochen damit zugebracht haben, Autopsie-Fotos von Jane anzusehen, die auf eine große Leinwand im Gerichtssaal projiziert worden sind. Ich werde damit begonnen haben, zu verstehen, wo die Fantasie meiner Mutter von einem unversehrbaren Selbst ihre Ursache haben könnte.

Während der Anhörung im Januar wurde jedes dieser Fotos von einem Gerichtsmediziner beschrieben. Damals war keine Jury anwesend, weshalb die Notwendigkeit für projizierte Bilder nicht bestanden hatte. Als der Gerichtsmediziner sprach, strömten unfreiwillig Tränen aus meinen Augen, aus den Augen meiner Schwester. Meine Mutter aber weinte nicht. Ihr Körper sackte einfach in sich zusammen. Ihre Schultern rollten sich nach vorne, ihre Brust höhlte sich aus, ihr gesamter Körper wurde mehr und mehr zu einer Hülse. Ihre Knie begannen krampfhaft zu zittern. Ich wollte sie berühren, doch ich wusste nicht, welche Art von Berührung ihr helfen würde. Zunächst versuchte ich, mit meinen Händen sanft auf ihre zitternden Oberschenkel zu drücken, dann legte ich eine Hand auf ihren Rücken. Auf beides reagierte sie nicht. Es war klar, dass sie eine Welt jenseits von Berührung, jenseits von Trost betreten hatte.

Während einer Pause flüchteten meine Schwester und ich in die öffentliche Toilette, und dort sagte mir Emily, dass sie unsere Mutter kaum anschauen konnte. Sie habe es einfach nicht ertragen, mit anzusehen, unter welchen Schmerzen sie litt. Ich stimmte zu, doch ich gestand nicht die weniger rühmliche Emotion. Ich war auch wütend. Ich wollte, dass unsere Mutter diesen Einzelheiten mit breiter Brust begegnet. Ich konnte nicht ertragen, wie die Worte dieses Mannes den Körper meiner Mutter zum Körper eines kleinen Mädchens zusammenschrumpfen ließen. Ich wollte, dass sie sich nicht abwendet; ich wollte, dass sie nicht zittert. Als ich zuschaute, wie meine bildschöne Schwester ihre Hände wusch und abtrocknete und Lippenstift auftrug, versuchte ich mir vorzustellen, wie ich mich fühlen würde, wenn ich auf einer großen Leinwand die Autopsie-Fotos von ihr anstatt jene von Jane anstarren müsste; der Gedanke brachte mir einen kurzen Blitz von Schuld und Lähmung, gefolgt von einer Welle aus Übelkeit. Dies war die Schwester meiner Mutter. Was hatte ich denn erwartet?

Etwas so Wildes wie meine Mutter hat noch keiner gesehen, ihren Hut hatte der Sturm gepackt und auf das Meer hinausgeweht, so daß sich ihr Haar in eine weiße Mähne verwandelt hatte, ihre Beine, die in langen schwarzen Baumwollstrümpfen steckten, waren frei bis zu der Hüfte, die Röcke hatte sie sich in den Gürtel gesteckt, mit der einen Hand zügelte sie das sich bäumende Pferd, während sich die andere fest um meines Vaters Armeerevolver schloß, schreibt Angela Carter in ihrer Nacherzählung des Blaubart-Mythos.

In Carters Version der Geschichte ermordet Blaubart seine junge Braut nicht. Stattdessen erscheint im letzten Moment ihre Mutter und feuert »eine einzige unwiderstehliche Kugel« durch Blaubarts Kopf.

Ist es das, worauf ich gehofft hatte?

DAS GESICHT DES BÖSEN

Er ist gekommen, um das Haus zu vergasen, und ich bin eingesperrt, festgekettet, in einem großen Vogelkäfig, der überall dagegenstößt und scheppert, wenn ich herumlaufe. Ich versuche, in dem Käfig die Treppen hinaufzugehen, es gelingt mir aber nicht. Er verhielt sich sehr liebenswürdig und nett, als er kam, um das Haus zu vergasen, und dennoch wusste ich, dass er mich töten würde. Offensichtlich ist er geisteskrank. Ich poltere aus dem Haus und stelle fest, dass er alles mit Klebeband abgedichtet hat, die Belüftungen und so weiter. Ich stürze hinaus auf eine Wiese, die sich zu einer Schlammfläche in Richtung eines Flusses verjüngt. Der Schlamm scheint verwunderlich grün und feucht und schön, äußerst echt. Sofort weiß ich, dass der Schlamm der Erlöser ist, der Schlamm ist das Mittel gegen das Giftgas. Als er später zurückkehrt, versucht er sich unbeeindruckt zu geben darüber, dass ich noch am Leben bin, doch offenbar ist er ausgesprochen beeindruckt. Ich fessle seine Arme und Beine hinter seinem Rücken und packe ihn in einen schwarzen Müllsack und mache mich daran, ihn bei lebendigem Leib zu verbrennen. Ich denke, ich weiß, das ist alles nur ein Traum, aber werde ich mir wirklich erlauben, all diese aggressiven und gewaltvollen Dinge zu tun? Ich denke einen Moment darüber nach, wie schwer der Sack wohl sein wird, denn er ist ein großer Mann, doch weil es ein Traum ist, macht es mir keinerlei Schwierigkeiten. Sobald er gefesselt in dem Sack steckt, gibt er keinen Laut mehr von sich, es ist, als habe er aufgehört zu existieren.

Und so habe ich jahrelang davon geträumt, irgendeiner unheilvollen, zusammengestückelten Verkörperung von männlicher Gewalt und Macht gegenüberzutreten, dem Mörder, hinter dem ich immer Janes Mörder vermutete. Manchmal ist er ein gesichtsloser Schatten, zu anderen Zeiten hat er das Gesicht von jemandem, der mir bekannt vorkommt. Manchmal sind meine Mutter und meine Schwester bei mir, und wir sind in der Lage, einander zu helfen. Dann wieder sind wir alle da, aber wir helfen einander nicht, entweder weil wir es nicht können oder weil wir es nicht wollen. Am häufigsten bin ich allein.

Das einzige andere Bild, das ich von Janes potentiellem Mörder hatte, war das von John Collins, der zur Zeit seiner Verhaftung ein jugendlicher, gutaussehender weißer junger Mann war, und scheinbar auch ein ziemlicher Aufreißer. *Hat Glück mit Frauen*, wie man sagt.

Uns an den Händen haltend, sitzen meine Mutter, Emily und ich während der Anhörung im Januar Seite an Seite auf unserer Bank, und ich schaue jetzt einem übergewichtigen, bebrillten, 62 Jahre alten Mann in einem waldgrünen Gefängnis-Overall dabei zu, wie er in den Gerichtssaal schlurft. Er hat eine Glatze und einen schmalen Streifen von weißem, strohigem Haar, das sichelförmig um seinen Kopf verläuft, und einen Vollbart, über den er häufig seine Hände streicht. In seinem Gesicht eine große Knollennase, die gelegentlich dunkelrot anläuft, sowie kleine, leblose Augen. Unter dem Tisch der Verteidigung stehen seine Füße flach auf dem Boden, an den Knöcheln Fußfesseln; er trägt schwarze Socken und Gefängnissandalen aus braunem Plastik. Er nimmt regelmäßig seine Brille ab und putzt sie mit einem Zipfel seines grünen Gefängnishemds, dann blinzelt er wieder durch den Gerichtssaal. Die wenigen Male, die er sich umdreht, um seinen Blick durch den gesamten Raum schweifen zu lassen, sieht er vollkommen desorientiert aus, als hätte er nicht die geringste Ahnung, wo er sich befindet.

Auch ich fühle mich desorientiert. Hatte ich mir ausgemalt, dem »Gesicht des Bösen« zu begegnen, habe ich stattdessen das Gesicht von Elmer Fudd aus den Cartoons vor mir.

An jenem Tag verbringt Leiterman sehr viel Zeit mit der Betrachtung seiner Hände, die er meistens gefaltet vor seinem Gesicht oder vor seinem rundlichen Bauch ruhen lässt. Die Art und Weise, wie er sofort aktiv wird, wenn irgendjemand im Gerichtssaal Latexhandschuhe überziehen muss, um Beweismaterial in die Hand zu nehmen, erinnert mich an seinen Beruf als Krankenpfleger. Sonst meist reglos, greift er dann ganz plötzlich nach dem Karton mit den gepuderten Handschuhen und wedelt ihn in Richtung der Anwälte oder der Zeugen – durch den Schutzinstinkt des Krankenpflegers häufig sogar schon einen Moment bevor sie benötigt werden. Am späten Nachmittag gleitet ein satter Streifen aus Sonnenlicht über das Gerichtsgebäude und landet schließlich auf dem Tisch der Verteidigung. Jeder verändert dann seine Position oder wechselt den Platz, um aus der Sonne zu gelangen – nur Leiterman ist nicht in der Lage, sich von der Stelle zu rühren, er muss es ertragen. Ich beobachte, wie die Sonne sein Gesicht und seinen Körper durchtränkt, beobachte ihn, wie er ohne Erfolg versucht, sein Gesicht mit seinen Händen zu beschirmen. So wie er instinktiv die Handschuhe bereitstellt, habe ich das Bedürfnis, ihn zu beschirmen, die Sonne mit meinem Körper abzufangen oder zumindest eine Jalousie herunterzulassen.

Wir bleiben in unseren Positionen festgewachsen; ich beobachte, wie das Licht sich über ihn hinwegbewegt.

Ich betrachte das Licht und ich betrachte seine Hände, und ich versuche, mir diese Hände dabei vorzustellen, wie sie an den Abzug einer Waffe gelegt sind, ich versuche sie mir vorzustellen, wie sie einen Menschen erdrosseln. Wie sie Jane erdrosseln. Ich weiß, diese Art von Vorstellung ist unnötig und schrecklich. Ich frage mich, wie ich mich fühlen würde, wenn ich mir dies wieder und wieder vorstellen, später aber herausfinden würde, dass er es nicht getan hat. Ich starre ihn den ganzen Tag lang an, als stünde irgendein Zeichen aus dem Himmel bevor, das jeden Moment kommen und seine Schuld oder seine Unschuld verkünden könnte. Es kommt nicht.

Die Anhörung im Januar hat das Ziel, einem Richter die wesentlichen Punkte des Falls darzulegen: zu beweisen, dass ein Mord begangen wurde; zu bestätigen, dass das Opfer Jane war; einen hinreichenden Tatverdacht zu präsentieren, um ein Hauptverfahren zu rechtfertigen; zu entscheiden, ob Leiterman in Haft oder bis zum Prozess auf Kaution freikommen solle, und wenn ja, die Kaution festzusetzen oder auszusetzen; und so weiter. An jenem Tag wird mein Großvater als Erster in den Zeugenstand gerufen. Jeder im Gerichtssaal ist leicht besorgt, als er zur Zeugenbank und wieder zurück torkelt; es wäre ein ausgesprochen grausamer Moment, um sich die Hüfte zu brechen.

Sobald er im Zeugenstand sitzt, sieht er aus wie ein Greis. Er trägt seinen dunkelvioletten Lieblingsblazer über einem hellroten Kaschmir-Pullover, den meine Mutter ihm vor einigen Wochen zu Weihnachten geschenkt hat. Der Staatsanwalt Steven Hiller bittet ihn, dem Gericht zu schildern, was er am Nachmittag des 21. März 1969 im Leichenschauhaus gesehen hat. Mein Großvater lehnt sich nach vorne und sagt deutlich: *Es war meine zweitgeborene Tochter.* Sein Ausdruck ist noch immer voller Verwunderung.

Am Ende dieses Tages verkündet mein Großvater, er habe, was Leiterman betreffe, ein »Bauchgefühl«. Er verkündet dies während des Abendessens in einem Olive-Garden-Restaurant in einer Strip-Mall am Freeway gegenüber dem Motel, wo der Staat uns alle für die Nacht untergebracht hat. Er kommt mehrere Male auf dieses »Bauchgefühl« zu sprechen, doch er sagt nie, worin genau es besteht.

Ich meine ja nur, dass er wie ein gequälter Mensch aussieht, sagt er.

Ich erwarte nicht, dass Sie für den Typen Mitgefühl aufbringen, hatte Schroeder am Tag nach Leitermans Verhaftung zu mir gesagt. *Ich meine, er ist ein ziemlich erbärmlicher Haufen Scheiße. Aber er ist in einem entsetzlichen Gesundheitszustand, und meiner Meinung nach ist sein Körper völlig von all den Dingen zerfressen, die er angerichtet hat.*

Als ich im Olive Garden sitze, frage ich mich: Aussehen wie ein gequälter Mensch oder einen zerfressenen Körper haben – sind dies die Anzeichen dafür, dass man vor drei Jahrzehnten einen brutalen Sexualmord an einer vollkommen Fremden geplant und begangen hatte? Ich erinnere mich jetzt auch wieder daran, wie ich meinen Großvater vor einigen Jahren verstohlen und diskret für mein Buch *Jane* interviewte und wie er damals sagte, er habe ein »Bauchgefühl«, was John Collins angehe.

Obwohl er in seinen Neunzigern ist, zeigt mein Großvater wenige bis überhaupt keine Anzeichen von Erschöpfung, weder bezüglich seines täglichen Lebens noch bezogen auf die neun Jahrzehnte davor. Er trinkt etwa drei Kannen Kaffee am

Tag, nimmt heiße Bäder und macht die Nacht mit Kreuzworträtseln durch. Das Team der Anklage nennt ihn »Dr. Dan«, was gut zu ihm passt – er hat über sechzig Jahre als Zahnarzt praktiziert. Er will blitzgescheit sein, und das ist er auch. Und dennoch weiß ich, dass er erschöpft ist, denn im Gerichtssaal nickt er häufig weg. Sein Kopf sackt dann auf die Schulter des jeweiligen Familienmitglieds, das sich gerade neben ihm befindet. Jedes Mal, wenn er aufwacht, wirkt er alarmiert, und sofort versichert er der leblosen Luft des Gerichtssaals: *Mir geht's gut, mir geht's gut.*

In den Monaten, die dem Prozess im Juli vorausgehen, ist er mehr und mehr besorgt, dass die Polizei vorschlagen könnte, Janes Leiche zu exhumieren, um nach weiteren Beweisen zu suchen. Plötzlich ruft er meine Mutter mitten in der Nacht an und sagt, dass er es nicht erlauben werde, dass er es einfach nicht erlauben werde.

Meine Mutter sagt ihm, er solle nicht paranoid werden. *Wir überqueren diese Brücke erst, wenn wir vor ihr stehen,* sagt sie. Bis jetzt stehen wir noch nicht vor ihr.

EIN LIVESTREAM

An jenem Tag im Januar wies uns Hiller warnend darauf hin, dass die Aussage des Gerichtsmediziners nur die Aufwärmphase für die sehr expliziten Darstellungen während des Strafprozesses gewesen sei. Bevor er sein Eröffnungsplädoyer am 12. Juli 2005 hielt, sprach er diese Warnung erneut aus. Er nahm die an jenem Tag anwesenden Mitglieder von Janes Familie – mich, meine Mutter, meinen Großvater, Janes jüngeren Bruder und seine Frau – zur Seite, während wir alle in der Eingangshalle des Gerichtssaals standen, und informierte uns, dass er mehrere Bilder von Janes Autopsie für die Jury an die Wand projizieren würde – Fotos, die wir vielleicht nicht sehen wollten.

Mein Onkel beherzigt diese Warnung, sagt, es falle ihm kein guter Grund ein, warum er diese Bilder in seinem Kopf haben solle, und geht geradewegs in die Kantine des Gerichtsgebäudes.

Meine Mutter ist anderer Meinung. *Wir sind hart im Nehmen,* sagt sie zu Hiller. *Wir halten das aus.* Ich bin mir nicht sicher, für wen sie hier spricht.

Mein Großvater wirkt verwirrt, gestrandet zwischen den gegensätzlichen Haltungen seiner beiden verbliebenen Kinder. Er wendet sich zu mir und fragt, *Was meinst du, was soll ich tun, Kiddo?*

Ich finde, du solltest genau das tun, was du tun willst, sage ich irrsinnigerweise, obwohl ich ganz genau weiß, dass er keine Ahnung hat, was er tun will, und dass er nicht in der Lage sein wird, es in den zwei Minuten herauszukriegen, die ihm zur Entscheidung bleiben, ehe der Gerichtssaal sich füllt.

Er schlurft in den Saal, und die Diashow beginnt.

Foto #2:
Jane, auf einer Metallbahre. Ein Profilbild, vom Brustbein aufwärts. Sie ist nackt, abgesehen von einem schmalen babyblauen Haarband, das gerade etwas breiter ist als eine Schleife. Ihr Haar ist rotbraun und glänzt vor Blut. Und schließlich, um ihren Hals gebunden, als wäre es beinahe bloß ein weiteres Modeaccessoire, wie eine Art perverses Plastron, ist da der Strumpf, mit dem sie stranguliert wurde, der Knoten und die beiden Enden fließen in Richtung der Kamera. Der Strumpf schaut rötlich aus, vermutlich aufgrund des Alters der Fotografie. Soweit ich weiß, war es ein einfacher brauner Strumpf. Nicht ihr eigener. Ein »Fremdobjekt am Tatort«, wie sie sagen. So tief und so zu Unrecht in ihre Haut getrieben, dass es hier aussieht wie aus einem Cartoon. Ihr Gesicht und ihre Schulter und ihre Achselhöhle leuchten, als wären sie ihre eigenen Lichtquellen. Ihre Achselhöhle sieht besonders weiß und weich aus, wie die Achselhöhle eines kleinen Mädchens. Eine Achselhöhle, die niemals das Sonnenlicht gesehen hat.

Nach den ersten paar Fotos tritt Hiller an unsere Bank. Er flüstert, dass das nächste Bild besonders grauenhaft sei, dass wir es vielleicht nicht ansehen sollten.

Auf dem Foto ist Janes Hals zu sehen, nachdem man den Strumpf entfernt hat, flüstert er. *Die Strangfurche ist sehr tief.*

Meine Mutter wiederholt diese Information noch einmal für meinen Großvater, der zu ihrer Rechten sitzt und nicht gut genug hört, um die wenigen Dezibel von Hillers Flüsterton auszumachen.

Er meint, dass wir das nächste Foto vielleicht nicht sehen sollten, flüstert ihm meine Mutter ins Ohr. *Die Strangfurche ist sehr tief.*

Was?, fragt mein Großvater, *was war?*

DU SOLLTEST DIR DAS NÄCHSTE FOTO VIELLEICHT NICHT ANSCHAUEN, sagt sie in einem Bühnenflüstern, während sie dabei ihren Kopf in Richtung ihrer Knie senkt.

Während sie ihren Kopf nach unten nimmt, flüstert sie mir zu, *Sag mir, ob ich gucken soll.*

Da meine Mutter neben mir vornübergebeugt ist, fühle ich mich plötzlich ungeschützt auf der Bank, der einsame letzte Vogel auf dem Leitungsdraht. Ich sitze einfach nur da und starre stumm auf die Leinwand, das nächste Foto erwartend, und über das, was ich in mich aufnehme und was nicht, habe ich ungefähr so viel Kontrolle wie eine Antenne.

Dennoch entwickle ich kleine Tricks. Jedes Mal, wenn ein Bild erscheint, schaue ich es kurz an, während ich meine Augen ganz schnell öffne und schließe, wie eine Verschlussblende. Dann schaue ich allmählich etwas länger hin, bis ich meine Augen ganz offen halten kann. Ich weiß, dass das Foto für einige Zeit auf der Leinwand bleiben wird, so lange, bis die Anwälte und ihre Zeugen alles darüber gesagt haben, was gesagt werden muss. Kein Grund zur Eile also. Man kann sich langsam daran gewöhnen. Und die Sache ist die: Man gewöhnt sich wirklich.

Und?, flüstert meine Mutter in ihrer gebeugten Pose.

Es ist nicht so schlimm, flüstere ich zurück, *trotzdem musst du nicht unbedingt hinschauen.*

Als wir am Ende des Tages aus dem Gerichtsgebäude marschieren, klopft mein Großvater meiner Mutter und mir auf die Schultern und sagt selbstbewusst: *Naja,* das *hat uns nicht wehgetan.*

Ich habe keine Ahnung, wovon er redet.

Dir vielleicht nicht, will ich sagen.

Oder: *Das denkst du jetzt – aber warte nur ab.*

Oder: *Was meinst du mit »wehgetan«? Was heißt für dich denn »wehgetan«?*

Mit der einen Seite seines Körpers stützt er sich bei mir auf, während wir die Treppen runtergehen, und auf der anderen Seite hält er sich am Geländer fest. Am Ende der Treppe umarmt er mich fest und sagt, *Du weißt, dass du für mich immer meine Janie sein wirst.*

Mein Gott, Grandpa, will ich sagen. *Hast du gesehen, wie deine Janie da drin ausgesehen hat? Nicht ganz so gut.*

Doch ich nicke nur, während sich die automatischen Türen des Gerichtsgebäudes öffnen und uns in die drückende Sommerhitze entlassen.

Auf *Court TV* wird später berichtet:

> Als die ausgewaschenen Fotografien auf eine große Projektionsleinwand geworfen wurden, wirkten die Geschworenen ernst. Einige der Frauen in der Jury schauten rüber zu den Angehörigen des Opfers, die in der ersten Reihe des Gerichtssaals Platz genommen hatten. Drei Mal während der Anhörung trat Hiller an die Bank der Familie, um sie vor den verstörenden Bildern zu warnen, die er als Nächstes

zeigen würde. Doch jedes Mal antwortete der neunzigjährige Vater des Opfers, Dan Mixer: »Ich bleibe.«

Die Person, die Janes Leiche am Morgen des 21. März 1969 zuerst entdeckte, war eine junge Hausfrau namens Nancy Grow. Ich hatte im Laufe der Jahre in vielen verschiedenen Quellen von dieser Frau und ihrer Entdeckung gelesen – in *The Michigan Murders* zum Beispiel hat sie einen Kurzauftritt als »Penny Stowe«. Auch in *Jane* hatte ich ein Gedicht über sie geschrieben. Ich hätte mir nie erträumt, sie einmal leibhaftig vor mir zu sehen.

Grow ist mittlerweile in ihren Sechzigern – wie ein Vögelchen, zurückhaltend, ihr Gesicht angespannt –, und sie taucht während der Anhörung im Januar wieder auf, um ihre Begegnung mit Janes Leiche vor über drei Jahrzehnten zu beschreiben. Sie scheint wenig glücklich darüber. Trotzdem erklärt sie auf höfliche Weise, wie ihr Sohn eine blutverschmierte Tasche mit nach Hause brachte, die er auf seinem Weg zur Schule gefunden hatte, wie sie ihn nach draußen scheuchte und sich anschließend in der Straße, in der sie wohnte, umsah. Sie ging zum Friedhof von Denton, blieb außerhalb des Maschendrahtzauns stehen und befand sich, vor Schreck gelähmt, unmittelbar vor Janes Füßen. Sie kann sich nicht erinnern, wie lange sie dort gestanden und gestarrt hatte. Sie dachte unentwegt: *Vielleicht ist es eine Schaufensterpuppe, vielleicht ist es eine Schaufensterpuppe.* Nach einer Weile ging sie ein paar Schritte am Zaun vorbei aufs Friedhofsgelände, um eine bessere Sicht zu bekommen. Anschließend, nur mit Nachthemd und Hausschuhen bekleidet, rannte sie zu ihrem Wagen und fuhr zum Haus ihrer Schwester einige Häuserblocks entfernt. Kaum dort angekommen, verfiel sie in ein unkontrolliertes Schreien.

Grow glaubte nicht, dass sie Janes Gesichtszüge überhaupt richtig wahrgenommen hat, doch sie war von sich selbst überrascht, als sie sich später in der Lage sah, Janes Gesicht in einem Jahrbuch zu identifizieren.

Ihr Gesicht hat mich nicht mehr losgelassen, sagt sie.

Grow gibt zu, dass sie der Polizei nie davon erzählte, wie sie am Zaun vorbei und aufs Gelände des Friedhofs gegangen war. Als ein Anwalt sie fragt, warum, sagt sie, sie habe sich zu sehr geschämt. Sie kann nicht sagen, warum, doch sie habe sich geschämt.

Während ich diese traumatisierte Frau mit ihrer leisen Stimme im Zeugenstand beobachte, wie sie es konsequent vermeidet, zu meiner Familie zu schauen, und stattdessen während ihrer Aussage meistens auf ihre Hände herunterstarrt, fange auch ich an, mich zu schämen.

Damals schämte sich Grow dafür, dass sie näher gekommen war, um genauer hinsehen zu können. Vielleicht schämt sie sich heute, weil es schwierig und falsch wirken kann, über das Leid einer Fremden im Beisein derer zu sprechen, die sie kannten und liebten.

Mir sind diese beiden Empfindungen sehr vertraut. Seit längerer Zeit schon habe ich genauer hingesehen. Und auch wenn Jane und ich blutsverwandt sind, bleibt sie für mich ebenso sehr eine Fremde, wie sie für Grow eine Fremde war. Die Geschichte ihres Todes mag Einfluss auf unser beider Leben genommen und uns in denselben Raum gebracht haben, doch das heißt nicht, dass eine von uns beiden das Gefühl hätte, wir wären berechtigt, diese Geschichte zu erzählen.

Die von Grow während der Anhörung im Januar empfundene Scham wird sie von beinahe allen sonst Anwesenden während des Prozesses im Juli unterscheiden. Scheinbar keiner sonst wird irgendeine Art von Scham empfinden – nicht der Gerichtsmediziner, der die Körpertemperatur in Janes Rektum am Tatort vergleicht mit ihrer Lebertemperatur, die während der Autopsie gemessen worden war; nicht der True-Crime-Autor mittleren Alters, der jeden Tag in der Reihe vor unserer sitzt und sich Notizen für ein Buch macht; nicht die hausbackene Journalistin vom Lokalblatt, die in einer Kabine in der Damentoilette lauert, um die Gespräche zwischen meiner Mutter und mir zu belauschen; keiner der Kameramänner, die uns filmen, wie wir das Gerichtsgebäude betreten und es wieder verlassen, mit verschlafenen Gesichtern am Morgen, mit tränenbefleckten und abgespannten Gesichtern am Abend; niemand des Produzententeams von *48 Hours*, die in ihrer Sendung sehr häufig Fotos vom Tatort verwenden und sogar planten, die Autopsie-Fotos zu zeigen, bis Hiller eingriff, um dies zu unterbinden; keiner der Korrespondenten von *Court TV*, die die Autopsie-Fotos im Web livestreamen und sie anschließend in einem Online-Archiv für alle Öffentlichkeit zugänglich machen.

Vielleicht ist die Scham, die ich empfinde, eine Stellvertreter-Scham, von der ich meine, irgendwer müsse sie doch schließlich empfinden.

Oder vielleicht ist der Grund auch, dass ich während des Leiterman-Prozesses jeden Tag mit Notizblock und Stift im Gerichtssaal saß und jedes blutige Detail notierte, kein bisschen anders oder besser als all die anderen: Details, die ich hier wieder zusammenstelle – ein Livestream –, aus Gründen, die mir noch nicht klar geworden oder vor mir selbst zu rechtfertigen sind und die es vielleicht niemals sein werden.

Doch wie ich zu meiner Mutter nach ihrem Sturz in der Küche sagte: Manche Dinge sind es vielleicht wert, erzählt zu werden, einfach nur, weil sie passiert sind.

DIE ROTEN STELLEN

In den Jahren, die auf den Tod meines Vaters folgten, war ich häufig allein oder allein mit meiner Mutter. *Nur wir Hühner*, sagte sie immer. Emily war auf ein Internat gegangen, als sie dreizehn und ich elf war – ein Fortgehen, das den Anfang einer Reihe von Abenteuern und Einkerkerungen markierte, nach denen sie nie wieder heimkehren würde. Meine Mutter hatte einen neuen Ehemann, doch seine Anwesenheit wirkte befremdlich, unbeständig. Gelegentlich tauchte er zum Abendessen am Essenstisch auf, seine Hände schmutzig von Farbe und Öl. Er war einige Jahre jünger als sie, ein Maler und Schreiner, den sie und mein Vater vor Jahren angeheuert hatten, um das Elternhaus in San Rafael zu streichen, das einzige Haus, in dem ich meiner Erinnerung nach sowohl mit meinem Vater als auch mit meiner Mutter gelebt habe. Mein Vater war Anwalt und war zu jener Zeit häufig auf Reisen; meine Mutter war eine frustrierte Hausfrau, die mit zwei kleinen Kindern zu Hause saß. Sie verliebte sich in den Anstreicher, als ich sieben war, ließ sich von meinem Vater scheiden, als ich acht war, und heiratete den Anstreicher, als ich neun war.

Unter dem Motto »gemeinsames Sorgerecht« hoppelten Emily und ich für etwa eineinhalb Jahre nach der Scheidung zwischen den verschiedenen Apartments und Häusern unserer Eltern hin und her. Doch ein Telefonanruf am frühen Abend des 28. Januar 1984 durchbrach dieses Arrangement. Mein Vater hatte an jenem Nachmittag eine Freundin treffen sollen, aber er war zu dem Treffen nie erschienen. Die Freundin rief meine Mutter an, sagte, sie mache sich Sorgen, dass es nicht zu meinem Vater passte, dass sich irgendetwas daran nicht richtig anfühlte. Zu diesem Zeitpunkt lebten meine Mutter und mein Vater nur wenige Meilen voneinander entfernt in einer Stadt namens Mill Valley. Sie standen sich noch nahe – in Wahrheit tat mein Vater häufig so, als würde die Wolke des Wahnsinns eines Tages einfach vorbeiziehen und sie würden wieder zusammenkommen, als ob nie irgendetwas gewesen wäre. Meine Mutter teilte der Freundin mit, sie würde in seinem Haus vorbeischauen, um sicherzugehen, dass alles in Ordnung war. Emily und ich kamen mit.

Obwohl wir keinen Grund hatten zu glauben, dass irgendetwas ernsthaft nicht stimmte, wirkte die kurze Fahrt im Wagen unheilvoll. Emily oder ich – ich kann mich nicht erinnern, wer von uns beiden – bat meine Mutter, das Radio auszuschalten, da sein manisches Zwitschern völlig unpassend klang. Als wir vors Haus fuhren, bemerkte meine Mutter, dass einige Zeitungen in der Einfahrt lagen und dass die Post nicht reingeholt worden war.

Gemeinsam betraten wir das Haus, doch meine Mutter ging allein die Treppe zu seinem Schlafzimmer hinunter. Eine Minute später war sie wieder oben und brüllte, wir sollten das Haus verlassen, sofort.

Emily und ich saßen draußen auf dem Bordstein und beobachteten unsere Mutter durch die Fenster, wie sie hysterisch von Zimmer zu Zimmer ging und schrie: *Ihr dürft nicht reinkommen, ich weiß nicht, was das hier für eine krumme Tour ist. Ich weiß nicht, was das hier für eine krumme Tour ist.*

Ich war zehn und wusste nicht, was sie mit *einer krummen Tour* meinte. Ich wusste, ein Film mit Goldie Hawn und Chevy Chase hieß *Eine ganz krumme Tour* und dass ich diesen Film kürzlich mit meinem Vater auf Showtime gesehen hatte. Aber der Film war eine Komödie.

Wo hat euer Vater sein gottverdammtes Telefonbuch, brüllte sie und riss hektisch Schränke auf; in ihrem Schock vergaß sie, dass sie einfach nur 911 wählen musste.

Etwa eine halbe Stunde lang teilten Emily und ich die dunkelnde Straße mit einem Teenager, der auf seinem Skateboard wieder und wieder den Block abfuhr und mit fragendem Blick zuguckte, wie sich die Szene entwickelte, während die Dämmerung der Nacht wich. Als endlich die Polizei und der Rettungswagen kamen, klapperte er davon.

Emily und ich gingen hinter den Sanitätern ins Haus, wo ich mich in einen Spalt zwischen einem Weinregal und einer Couch im Wohnzimmer meines Vaters hinsetzte. Ich weiß nicht, wohin Emily verschwand. In meinem Spalt konnte ich aus dem Weg bleiben und trotzdem alles sehen, was vor sich ging. Erst beobachtete ich die Sanitäter, wie sie mit einer Krankentrage die Treppen zum Schlafzimmer hinunterstürmten. Dann beobachtete ich die Treppen. Es fühlte sich an, als wäre eine lange Zeit vergangen, bis sie wieder raufkamen. Sie gingen jetzt sehr viel langsamer, und die Krankentrage in ihren Händen war so platt und leer und weiß, wie sie auf dem Weg nach unten gewesen war.

In jenem Moment wusste ich, dass er gestorben war, auch wenn ich nicht wusste, wie, und auch wenn ich es eine ganze Weile lang nicht richtig glauben würde.

Unsere Mutter erzählte uns später, sie habe ihn halb liegend auf seinem Bett gefunden, so als wäre er aufgestanden, habe seine Füße auf den Boden gestellt und wäre dann nach hinten umgekippt. Er war bereits kalt.

Ich weiß nicht, wie lange wir in seinem Haus geblieben sind, aber schließlich fuhren wir zurück zum Haus meiner Mutter und meines Stiefvaters. Sobald wir angekommen waren, wühlte meine Mutter in einem Abstellraum herum und suchte nach einem Gesellschaftsspiel, mit dem wir uns beschäftigen könnten. Sie sagte, dass sie und ihre Familie am Abend, nachdem Jane ermordet worden war, auch ein Gesellschaftsspiel gespielt hatten und dass ihnen das damals half.

Ich erinnere mich nicht daran, das Spiel gespielt zu haben, und ich erinnere mich auch nicht daran, dass es half.

Ich erinnere mich aber daran, wie mir Emily vorm Zubettgehen schwor, nicht eine einzige Träne für unseren Vater zu vergießen, den sie restlos angebetet hatte. So wie ich auch. Ich erinnere mich daran, wie ich damals dachte, ihr Vorhaben klinge nicht nach einer guten Idee.

Nach jenem Abend zogen Emily und ich »ganztags« zu unserer Mutter und ihrem neuen Ehemann. Das Haus, das sie kurz davor gekauft hatten, war so hoch auf einem Hügel und so tief in den Redwoods gelegen, dass es in meinen heutigen Träumen immer als eine Festung erscheint, die gänzlich aus Reben und Schatten bestand. Es war ständig modrig und feucht und ständig in Nebel gehüllt. Es war nicht ungewöhnlich, dass meine Mutter und ich einen ganzen Tag damit verbrachten, einem einzelnen Sonnenstrahl im Haus hinterherzujagen, um in ihm zu sitzen. Anschließend brachten wir einen ganzen Abend damit zu, uns über dem einzigen Heizlüfter herumzudrücken, um Seite an Seite unsere Bücher zu lesen, während unsere Kleider von heißer Luft zu Zelten aufgeblasen wurden.

Etwa ein Jahr lang teilten Emily und ich das Untergeschoss dieses Hauses, auch wenn wir getrennte Zimmer besaßen. Bis unser Stiefvater das Untergeschoss renovierte, hütete es die Hippie-Relikte der Doobie Brothers und von Santana, die angeblich einmal durch dieses Haus gekommen waren, bevor wir einzogen: holzperlenverhangene Türen, Schallschutzplatten vom Boden bis unter die Decke. Ich habe dafür gekämpft, eines ihrer übrig gebliebenen Wasserbetten zu bekommen, ein doofes, wackeliges Ding, auf dem ich schlief, bis ich von zu Hause auszog.

Kurz nachdem wir »ganztags« eingezogen waren, wurde in dem Haus eingebrochen, was ihm eine Aura von unmittelbar bevorstehender Gefahr verlieh, die nie wieder gänzlich verschwand. Die Einbrecher kamen am späten Nachmittag, einer Zeit, zu der Emily und ich üblicherweise allein zu Hause waren, allerdings waren wir an diesem Tag zufällig etwas länger in der Schule geblieben. Gleichzeitig kam unser Stiefvater zufällig früher als sonst nach Hause, und er hat den Typen im Fluchtwagen am Fuß unserer unmöglich steilen und langen Einfahrt gut erkennen können. Das Gesicht des Mannes, der sich im Haus befand, sah er nicht, das Gesicht desjenigen, der vom oberen Stockwerk herunterbrüllte *Ich hab' eine Waffe, hau jetzt ab.*

Mein Stiefvater sagte letztlich vor Gericht gegen den Fluchtfahrer aus, und war außer sich, als wir, irgendwann ein paar Monate darauf, in einem italienischen Restaurant an unserer Straße am Nebentisch von ihm sitzen mussten.

Jedes Mal, wenn ich danach allein nach Hause kam, ging ich in einem langsamen Zickzack die steile Einfahrt hinauf und verspürte ein wachsendes Gefühl von Angst. Oben angekommen, öffnete ich die Tür mit dem Ersatzschlüssel, der an der Rückseite eines Rotholz-Pfahls an einem Nagel hing, und unternahm dann eine kurze, aber gründliche Durchsuchung des Hauses, um sicherzustellen, dass sich keine Eindringlinge oder Leichen darin befanden. Dieses Ritual beinhaltete meine Bewaffnung mit einem Fleischermesser und die Überprüfung der Schränke, Betten und Badewannen auf Leichen, bevor ich mich einrichtete und mit meinen Hausaufgaben anfing. Häufig sprach ich während dieser Suche laut vor mich hin, um dem Eindringling zu signalisieren, dass ich ihm auf den Fersen war, dass ich wusste, er war da, dass ich keine Angst vor ihm hatte, nicht die geringste.

Als wir eines Abends während des Leiterman-Prozesses zum Essen ausgehen, erzählt mir meine Mutter wie nebenbei, dass sie es nie gemocht hat, wandern zu gehen, weil sie immer Angst gehabt habe, auf dem Pfad eine Leiche zu finden. Erst denke ich, sie ist völlig übergeschnappt. Dann erinnere ich mich an mein Fleischermesser-Ritual. Anschließend spule ich vor zu den Jahren, als ich in einer Bar in der Nähe der Bowery im New Yorker East Village gearbeitet habe, und mir fällt ein, wie überfordert ich mich gefühlt hatte, wenn die Tür zur Toilette eine ganze Zeit lang verschlossen geblieben war und eine verärgerte Kundin pinkeln musste und mich bat, mich darum zu kümmern. Nach dem obligatorischen lauten Klopfen und Rufen von *Hallo, ist jemand da drin* entriegelte ich die Tür und stieß sie rasch auf, immer in voller Erwartung, einen über der Toilette zusammengesunkenen toten Körper zu finden.

In fünfundneunzig Prozent der Fälle hatte sich die Tür von innen verkeilt, und es befand sich niemand in der Toilette – nur eine kleine Kabine, beleuchtet von einer Glühbirne, die in lavendelfarbene Folie eingeschlagen war, jene Art von Licht, die einen Raum hip aussehen lässt und dabei zu dunkel ist, um eine Vene zu finden. In den übrigen fünf Prozent der Fälle allerdings befand sich darin ein Körper, ein Körper von jemandem, der sich eine Überdosis geschossen hatte oder bewusstlos war. Ich wusste, dass zumindest eine Person darin an einer Überdosis Heroin gestorben war, und auch wenn ich an diesem Abend nicht gearbeitet hatte, war es doch genug, dass sich die ganze Sache immer wie russisches Roulette anfühlte. Während der gesamten fünf Jahre, die ich dort arbeitete, fürchtete ich mich jeden Abend schrecklich davor, die Toilettentür aufzustoßen.

Noch immer träume ich von dieser finsteren lavendelfarbenen Toilettenkabine. Gerade vor einigen Nächten schnitt sich darin eine Frau die Pulsadern auf – eine Frau, um die wir uns, als Angestellte der Bar, irgendwie kümmern sollten, sichergehen sollten, dass sie nicht ohnmächtig würde, sich einen Schuss setzen oder verletzen würde. Aber wir haben's versaut, wir haben zugelassen, dass sie an eine Rasierklinge gelangte, und sie schloss sich in der kleinen Toilette ein, um zu sterben. Der Boden der Toilettenkabine bestand aus einem Metallgitter; unter diesem Rost lag das geschmolzene Zentrum des Alls. Sie lag ausgestreckt auf dem Metallrost und ließ ihr Blut zum Erdkern hinunterfließen, sie bespritzte die brodelnde Unterwelt mit ihrer Körperflüssigkeit. Als freundliche Geste hatte sie die brüchigen Stellen in der Backsteinmauer vorher mit Watte ausgestopft. Als wir die Watte herauszogen, wurde die Bar mit Sturzbächen ihres Blutes überflutet.

Das Ironische an dieser Angst war, dass mein Apartment auf der Lower East Side selbst eine Drogenhöhle war. Wenn ich spätnachts von der Arbeit nach Hause kam, musste ich immer zuerst das Zimmer meines Mitbewohners nach weggenickten, weggedopten Mädchen absuchen, deren Zigaretten womöglich Löcher in seine Möbel brennen könnten, bevor ich mich ins Bett legen konnte. Mehr als einmal wischte ich komischen weißen Auswurf weg, der aus seinem gefühllosen Mund herausgeschäumt war. Weil ich keine Drogen nahm, wusste ich nie genau, was ich tun sollte – ich wischte einfach den weißen Auswurf weg, stellte sicher, dass die Zigaretten ausgedrückt waren, checkte, dass jeder atmete, und legte mich schlafen.

Die Wahrheit ist, dass selbst mein Bett eine Drogenhöhle war. Darin war ich mehr als einmal dem Körper meines drogensüchtigen Freunds nach einer Überdosis begegnet. Während des letzten Mals, nachdem ich den Notarzt angerufen hatte und ihn ins St.-Vincent's-Krankenhaus geschleppt hatte, stellte ich – endlich – fest, dass mir die Sache über den Kopf gewachsen war. Nach seiner Einweisung ins Krankenhaus ging ich nach draußen in den strömenden Regen und rief meine Mutter von einer Telefonzelle aus an. Es war demütigend, doch ich wusste mir nicht anders zu helfen. Ich hatte ihr überhaupt nichts von der Situation erzählt, hatte ihr nicht davon erzählt, dass ich seinen blaugrauen Körper wieder und wieder in meinem Bett gefunden hatte, als wäre er totes Fleisch, hatte ihr nichts von den Nächten erzählt, in denen ich mit Hautausschlag vom Alkohol im Badezimmer hyperventilierte, während er Pulver auf dem Nagel seines kleinen Fingers vorbereitete und sagte: *Das ist die perfekte Menge für dich, weil du klein bist.*

Als er im Krankenwagen zum Bewusstsein gekommen war, hatte er gesagt: *Ich glaube, ich habe meine Zunge zerstört,* als spreche er mit Stimmbändern, die aus Schaum gemacht waren.

Ich bin vor einem Krankenhaus, sagte ich zu ihr. *Es schüttet. Ich hab' das Gefühl, ich muss hier weg.*

Sie hörte eine Weile lang zu und sagte dann: *Nun, was würde denn Jesus machen?*

Sie machte keine Witze. Sie ist nicht mal religiös. Sie stand wahrscheinlich nur unter dem Einfluss von irgendetwas, das sie gerade las.

Jesus würde nicht weglaufen, sagte sie. *Versuche, den Abend rumzubekommen.*

Diesmal wird er sterben, sagte ich.

Ein Grund mehr.

Ich war damals eine völlige Idiotin, wenn auch nicht so sehr, dass mir nicht auf irgendeiner Ebene klar gewesen wäre, was ich tat. Als der Arzt Elektroden an seine Brust anlegte, seinen Herzschlag stabilisierte und erklärte: *Er wird es schaffen,* spürte ich eine enorme Erleichterung durch meinen Körper fluten, zusammen mit einem Schwall von Stolz. Zehn Jahre hießen gar nichts. Es war der Todestag meines Vaters, aber dieses Mal hatte ich es rechtzeitig zu seinem Haus geschafft, dieses Mal war ich erwachsen und besaß die Fähigkeit, alles in Ordnung zu bringen.

Doch »alles in Ordnung zu bringen« brachte meinen Vater nicht wieder zurück. Es ließ mich lediglich die Entlassungspapiere eines Krankenhauses für einen schrecklichen Junkie unterschreiben, der neben mir wie ein hirntoter Welpe nach Hause torkelte, mir mitten in der Nacht eine Affäre mit irgendeiner dummen Junkie-Kollegin beichtete und anschließend loszog, um sich an einer Tankstelle auf der Houston Street, an der Ecke der Avenue C neuen Stoff zu besorgen.

Den ganzen auf diese Nacht folgenden Tag blieb ich im Bett. Ich tat so, als wäre ich eines der Kinder mit dieser Krankheit, bei der die Knochen in Millionen von Stücken zerspringen, wenn sie sich zu schnell bewegen oder mit irgendjemandem in Kontakt kommen. Ich war krank, wie David Vetter, der Bubble Boy. Ich holte mir eine mittelgroße Flasche Jim Beam und trank daraus, während ich, unter meiner Decke versteckt, *Keiner ist eine Insel* von Thomas Merton las.

> Ohne Gott sind wir keine Personen mehr. Wir verlieren Menschentum und Würde. Unterm Schmerz werden wir zu stummen Tieren, zufrieden, wenn wir uns wenigstens wie ruhige Tiere verhalten können und sterben ohne allzu große Verwirrungen.

Zum ersten Mal in meinem Leben fühlte ich mich gelähmt durch den Gedanken an Jesus Christus. Ich zerrte das Telefon in mein Bettnest und rief eine frühere Dozentin für kreatives Schreiben an, die als religiöse Fanatikerin berühmt war. *Eine religiöse Intellektuelle,* sagte *sie.* Ich erzählte ihr davon, wie ich auf einen Artikel gestoßen war, den sie vor kurzem über den Apostel Lukas publiziert hatte, dass ich mich nicht mehr erinnerte, wo er erschienen war, und ob sie ihn mir schicken könnte oder mir zumindest sagen könnte, wovon er handelte?

Warum liest du nicht einfach selbst die roten Stellen?, sagte sie.

Okay, sagte ich zu ihr, bevor ich auflegte. *Das werde ich machen.*

Ich hatte nicht die leiseste Ahnung, was sie meinte. Damals

kam ich mir dumm vor, doch beinahe jeder, den ich seither gefragt hatte, wusste es ebenfalls nicht. Jahre später, als Doktorandin an der Graduate School, fragte ich während einer Vorlesung sogar einen Professor für Textwissenschaft, und er zuckte bloß mit den Schultern. Damals malte ich mir aus, einen Körper vom Kinn bis zu den Genitalien aufzuschlitzen, seine inneren Organe auszubreiten und zu versuchen, die roten Stellen wie Teeblätter zu lesen.

Nur ein paar Tage später wurde ich vom Fenster meines Apartments aus Zeugin des einzigen Mordes, den ich bis heute gesehen habe. Ich erwachte um fünf Uhr morgens durch das Geräusch eines Menschen, der die Straße entlangrannte, und das Geräusch eines Wagens, dessen Reifen quietschten, und ich schaute gerade rechtzeitig raus, um noch zu sehen, wie drei chinesische Gangmitglieder den rennenden Mann mit einem Baseballschläger auf den Kopf schlugen, dann in den Wagen sprangen und davonrasten. Sie hatten ihn schwer erwischt. Eine Minute später kam eine chinesische Frau in einem Nachthemd schreiend die Straße heruntergelaufen, die dünnen Plastiksohlen ihrer Schuhe klatschten auf dem Kopfsteinpflaster und hallten laut nach. All das geschah im purpurfarbenen Morgenlicht, jenem Licht, das vor der Dämmerung zwischen den geschwärzten Mietshäusern und dem East River erblüht. Die Frau kniete sich neben seinen Körper, der in einem seltsamen Winkel in der Gosse lag, und sie hielt ihn fest und wiegte ihn hin und her. Die Menge an Blut, die aus seinem Kopf floss, war ungeheuerlich. Ich wählte 911, und man sagte mir: *Waren die Angreifer Schwarze oder Hispanics? Weder noch,* sagte ich und nannte nicht meinen Namen. Gegen acht Uhr morgens öffneten Menschen ihre Geschäfte entlang der Orchard Street, gingen über den rotgefärbten Fleck auf dem Gehweg, ohne ihn zu sehen, ohne zu wissen, dass irgendetwas hier passiert war. Bis zum frühen Nachmittag war der Fleck verschwunden.

Schreibe, was du gesehen hast, und was da ist, und was geschehen soll danach. Eine rote Stelle.

NACHTRAG

Als *Jane* im Winter des Jahres 2004 in Druck ging, erwog ich, einen Nachtrag zu schreiben, der die Entwicklungen in dem Mordfall behandeln würde. Schroeder hatte dies während unseres ersten Telefongesprächs aus Spaß vorgeschlagen. Meine Mutter hatte ihm von meinem in Kürze erscheinenden Buch erzählt, und auch wenn er daran interessiert war, so wollte er doch sichergehen, dass ich nichts darüber in der Öffentlichkeit sagte, bis man Leiterman verhaftet hätte. Ich versicherte ihm, dass das Buch erst in mehreren Monaten erscheinen würde und dass Lyrik nicht unbedingt eine Angelegenheit für den Massenmarkt war.

Trotzdem, sagte er, *Sie sollten sich lieber darauf vorbereiten, einen Nachtrag zu schreiben. Einen Nachtrag, der alles erklärt.*

Am 12. November 2004 setzte ich mich an meinen Schreibtisch in meinem Ponderosa Room, nahm ein Stück Papier hervor und überschrieb die Seite mit:

ERSTER VERSUCH EINES NACHTRAGS,
DER ALLES ERKLÄRT

Der Nachtrag nahm die Form einer Liste an:

1. Im Jahr 2001, etwa zur selben Zeit, als ich begann, dieses Buch zu schreiben, wurde, ohne mein Wissen, der Karton

mit Beweismaterialien in Janes Mordfall aus einem Lagerraum entfernt und für Gentests an ein kriminaltechnisches Labor in Lansing, Michigan, geschickt.

2. Ein Großteil des genetischen Materials, das auf den Objekten in jenem Karton gefunden wurde – zum Beispiel ein großer Blutfleck auf einem gelb-weiß gestreiften Handtuch, das am Tatort zurückgelassen worden war –, stammte vermutlich von Jane selbst. Allerdings wurde an gewissen Beweisstücken Fremd-DNA nachgewiesen, vor allem in Form von Zellmaterial, das an mehreren Stellen von Janes Strumpfhose gefunden wurde.
3. Dieses Zellmaterial stammte nicht von Blut, Sperma, Urin oder Kot. Sein Ursprung war nicht identifizierbar – der Laboranalytiker geht derzeit davon aus, dass es sich um Schweiß handeln könnte. Was immer der Ursprung ist, das Zellmaterial existiert in größerem Umfang. »Eine Riesenmenge.«
4. Am 7. Juli 2004 erhielt Lansing eine Nachricht von CODIS, dem *Combined DNA Index System*, einer digitalen Datenbank, die vom FBI betreut wird und DNA-Proben von verurteilten Schwerverbrechern mit Beweis-Proben abgleicht, welche aus dem ganzen Land eingesendet werden. In der Nachricht wurde Lansing mitgeteilt, dass die untersuchten Stellen #1–3 von Fremd-DNA-Zellen auf Janes Strumpfhose eine exakte Übereinstimmung geliefert hat – mit einem Mann namens Gary Earl Leiterman.
5. Gary Earl Leiterman ist ein pensionierter Krankenpfleger, der mit seiner langjährigen Ehefrau Solly in einem Haus am See in Pine Grove Township in der Nähe von Gobles, Michigan, lebt. Er und Solly haben zwei erwachsene Adop-

tivkinder, die die Kinder seiner Schwägerin sind; beide stammen von den Philippinen.

6. Leitermans DNA war nach einer Anklage wegen gefälschter Rezepte für Betäubungsmittel im Jahr 2001 in die CODIS-Datenbank gelangt. Er war verhaftet worden, weil er unausgefüllte Rezeptformulare des Borgess Medical Center, des Krankenhauses, für das er seit vielen Jahren tätig war, verwendet hatte, um in einer örtlichen Apotheke das Schmerzmittel Vicodin zu beziehen. Er wurde zu einer Entziehungskur verurteilt. Darüber hinaus hatte er keine Vorstrafen.
7. Wenn man einmal davon absieht, dass viele Faktoren statistische Schlussfolgerungen erschweren können, liegt die Wahrscheinlichkeit, dass die »Riesenmenge« von Zellmaterial auf Janes Strumpfhose von jemand anderem als Leiterman stammt, bei ungefähr 171,7 Billionen zu eins.

Da hätte die Liste enden und vielleicht etwas erklären können. Doch sie ging noch weiter:

8. Am 9. Dezember 2003, etwa acht Monate bevor die Übereinstimmung mit Leitermans DNA einging, meldete CODIS ein anderes Match in den Ermittlungen zu Janes Mordfall – mit einem Mann namens John David Ruelas.
9. Die Ruelas-Probe stammte nicht von Janes Strumpfhose, sondern von einem perfekt geformten Tröpfchen Blut, das schon 1969 auf dem Handrücken von Janes Leiche gefunden worden war. Dieses Tröpfchen war damals einem Polizisten aufgefallen, da es nicht verschmiert war, was bei allem anderen Blut auf ihrem Körper der Fall gewesen

war. Während ihrer Autopsie kratzte ein Pathologe das Tröpfchen ab und bewahrte es in einem winzigen Papierumschlag auf, wo es sich die nächsten dreißig Jahre über befand.

10. Nachdem die Übereinstimmung mit Ruelas von CODIS eingegangen war, machte sich die Polizei sofort daran, ihn aufzuspüren. Sie fanden einen 37-Jährigen, der gerade 20 bis 40 Jahre im Gefängnis absaß, da er am 25. Januar 2002 seine Mutter Margaret Ruelas zu Tode geprügelt hatte.
11. Scheinbar hatte Ruelas seine Mutter seit vielen Jahren geschlagen; sein letzter tätlicher Angriff ließ sie mit elf gebrochenen Rippen und einem »purpurrotgeprügelten« Gesicht zurück.
12. Am 20. März 1969, dem Tag von Janes Ermordung, war John David Ruelas vier Jahre alt.
13. Vom Gefängnis aus teilt Ruelas der Polizei mit, er habe Informationen zu Janes Mordfall – Informationen, die er mit der Polizei teilen werde, wenn man sich bereiterkläre, über sein Strafmaß zu verhandeln. Doch weil Ruelas damals erst vier Jahre alt war und heute verzweifelt versucht, durch einen Deal eine Strafmilderung zu erwirken, traut niemand ihm ein ehrliches Wort zu. Was die Beschaffung von Informationen durch seine Erziehungsberechtigten im Jahr 1969 angeht – seine Mutter ist (offensichtlich) tot; und wie sich herausstellt, ist auch sein Vater David Ruelas in den 1970ern ermordet worden. Sein Vater wurde mit einem Hammer getötet, in einen Teppich eingerollt, mit Benzin übergossen, in Brand gesteckt und in einen Müllcontainer geworfen. Der Fall ist bis heute ebenfalls ungelöst.
14. In einer Telefonkonferenz mit meiner Familie geben die

Detectives zu, dass die Übereinstimmung mit der DNA von John Ruelas bizarr und beunruhigend ist. Doch angesichts der wissenschaftlichen Erkenntnisse sagen sie, sie hätten keine andere Wahl, als davon auszugehen, dass der kleine Junge auf irgendeine Weise mit Janes Leiche am Abend ihrer Ermordung »in Kontakt gekommen« sei. Im Jahr 1969 lebte die Familie Ruelas in der Innenstadt von Detroit – ungefähr 35 Meilen vom Dentoner Friedhof entfernt, also nicht direkt um die Ecke. (Leiterman lebte dagegen in unmittelbarer Nähe.) Die Detectives sind jedoch der Meinung, die Vorstellung, »der kleine Johnny« könne vielleicht auf irgendeine Weise in den Mord an Jane verwickelt sein, sei nicht so weit hergeholt, wie es anfänglich vielleicht klinge, wenn man die »Umstände seines Lebens im Elternhaus« in Betracht ziehe. Sie gehen nicht weiter ins Detail, erwähnen aber, dass Johnny in seiner Kindheit häufig an Nasenbluten gelitten habe.

Wenn ich diese Liste betrachte, wird mir klar, dass ich sie nicht in *Jane* aufnehmen kann. In Wahrheit kann ich sie kaum mit meinen Freundinnen und Freunden teilen, geschweige denn mit Fremden. Ich lerne schnell, dass sie keine Grundlage für nette Cocktail-Gespräche bietet. Hinzu kommt, dass sie eigentlich überhaupt nichts erklärt.

In all den Spielarten des Mordgemüts, die ich erfahren hatte, gab es niemals ein Szenario, bei dem ein Kind beteiligt gewesen wäre. Jetzt ging ich spätnachts im Bademantel in meinem Ponderosa Room auf und ab, während sich meine Gedanken auf seltsame und entsetzliche Weise um die Frage drehten, wie ein Vierjähriger mit Janes Leiche »in Kontakt gekommen« sein konnte. Oder genauer gesagt, wie ein Tropfen seines Bluts auf ihrem Handrücken gelandet sein konnte.

Gestern hab' ich diese Story gelesen und beiße mir immer noch die Zähne daran aus, schreibt ein Blogger auf einer Strafrecht-Webseite als Reaktion auf einen Artikel, der vom doppelten DNA-Match in Janes Fall berichtet.

Während einer Anhörung im Mai 2005 wird ein Richter Hiller fragen, wie der Staat die Anwesenheit von Ruelas' Blut erklären wolle, falls es zum Prozess komme.

Es gibt unendlich viele Möglichkeiten, wird Hiller antworten.

Nennen Sie mir eine, wird der Richter ihn anfahren.

Während dieser Jahreszeit lief in allen Kinos von Middletown der Film *Chuckys Baby* rauf und runter, der fünfte Teil einer Reihe von Slasher-Komödien über eine Mörderpuppe. Täglich komme ich an einem Filmplakat vorbei, auf dem ein blutbefleckter Säugling in einem gestreiften Hemdchen und weißem Overall zu sehen ist, sein wahnsinniges Gesicht wird mit Nähten zusammengehalten. Ich bin kurz davor, mir den Film anzusehen.

Schließlich schalten sich andere Blogger in die Diskussion ein. Manche von ihnen schreiben sogar von Australien und Großbritannien aus:

> Vielleicht war der Vierjährige tatsächlich irgendwie am Tatort. Oder vielleicht handelt es sich auch um einen falschen DNA-Match. Ersteres wäre gruselig und tragisch; Letzteres

> würde bedeuten, dass DNA-Analysen (wenn sie richtig ausgeführt werden) vielleicht doch nicht so unfehlbar sind wie immer angenommen.
>
> Interessante und letzten Endes deprimierende Geschichte … Was den scheinbar vierjährigen Mordkomplizen betrifft, könnte man daraus fast eine interessante literarische Anthologie machen. Hier ist das Szenario, schauen wir mal, wie verschiedene Autoren damit umgehen. Die Tatsache, dass das alles so verdreht ist, dass ich überhaupt auf diesen Gedanken komme, deprimiert mich noch mehr.
>
> Irgendwas an der Wiederaufnahme dieses Mordfalls wirkt falsch.

Die Verteidigung ist derselben Meinung. Sie wird darlegen, dass der Grund, warum es keine erkennbare Verbindung zwischen Leiterman, Ruelas und Jane gibt, darin liegt, dass eine Verbindung schlicht nicht existiert – außer der Tatsache, dass Genproben von allen drei Personen über denselben Zeitraum Anfang 2002 im selben DNA-Labor bearbeitet worden sind. Das stimmt: Die blutige Kleidung von Ruelas' Mord an seiner Mutter im Jahr 2002 wurde im Laboratorium in Lansing mindestens an einem derselben Tage getestet wie das Blutströpfchen, das 1969 von Janes Handrücken heruntergekratzt worden war. Und infolge eines neuen Gesetzes im Staate Michigan, das am 1. Januar 2002 in Kraft getreten war und laut dem alle verurteilten Straftäter (sowohl gewalttätige als auch nicht gewalttätige) DNA-Proben an CODIS abgeben mussten, wurden einzelne Genproben von Leiterman und Ruelas Anfang 2002 ins Labor gebracht.

Ein Zufall zu viel, wird Leitermans Anwalt sagen. Das ganze Frühjahr lang schnitt ich auf pedantische Weise Artikel aus der *New York Times* über Genlabor-Skandale in Houston und Maryland aus. In dem Labor in Houston wurde einiges an Beweismaterial so mangelhaft gelagert, dass ein Beobachter berichtete, nach einem schweren Regensturm sei Blut aus einem Pappkarton mit Beweismaterialien ausgetreten. Laborverunreinigung scheint als Szenario weit möglicher – um nicht zu sagen, weit erträglicher – als jede andere Möglichkeit, die ich mir vorstellen kann.

Der Junge wurde gezwungen zuzusehen. Der Junge wurde unbeabsichtigt Zeuge. Der Junge wurde auf irgendeine Weise gezwungen, daran teilzunehmen. Er wurde gezwungen, Leid zuzufügen. Der Junge blutete; vielleicht gab es einen Kampf. Vielleicht hatte sich der Junge verletzt und blutete schon, als er zum Tatort kam. Leiterman kannte seine Familie, und er hat sie in ihrem Haus ermordet. Aus irgendeinem Grund war der Junge in seinem Wagen. Der Junge war allein unterwegs und fand Janes Leiche auf dem Friedhof. Der Junge stand über ihren toten Körper gebeugt – entsetzt, verwirrt, fassungslos –, als ein einziger Tropfen Blut aus seiner Nase rann und auf ihre Hand fiel.

Letztendlich stelle ich eine Regel auf, die mir nur dann erlaubt, über die »Ruelas-Frage« – manchmal auch genannt »die Theorie vom verlorenen Jungen« – nachzudenken, wenn ich im Universitäts-Schwimmbad Bahnen ziehe. Es erscheint mir richtig, darüber unter Wasser nachzudenken.

Hier ist das Szenario, schauen wir mal, wie verschiedene Autoren damit umgehen.

Irgendwas an der Wiederaufnahme dieses Mordfalls wirkt falsch.

RED HOUSE

Bei meiner Mutter und meinem Stiefvater, oben auf dem dunklen Hügel. Emily und ihr viel älterer Freund machen unten im Keller rum. Er ruft nach oben zu meiner Mutter: »Ich ficke Ihre Tochter mit dem Finger« – meine Mutter wirft ihn nicht raus. Ich brülle irgendwas davon, dass mehr Disziplin herrschen müsste. Aber ich brülle zu laut, und Mom ist gebrechlich – sie hat einen Herzinfarkt in Emilys Zimmer. Ich schreie nach Emily: »Wähl 911!« Mom liegt jetzt auf dem Boden, ich halte sie und wiege sie hin und her. Anstatt den Notdienst anzurufen, fragt Emily sie: »Willst du in irgendeinen Club ausgehen?« Sie glaubt, das sei wahnsinnig lustig; ich brenne vor Wut, dass sie nicht hilft. Ich weiß, dass ihr Freund gewalttätig ist, ich weiß, dass er meine Schwester geschlagen hat, und so lasse ich mich von ihm ins Gesicht schlagen, nur um zu beweisen, dass ich keine Angst vor ihm habe. »Du machst mir keine Angst«, sage ich und verteidige mich mit Aikido gegen ihn, wodurch er zu einem kleinen Jungen zusammenschrumpft.

Als Emily von zu Hause auszog, um ihr erstes Jahr auf dem Internat anzutreten, war sie schwanger. Unsere Mutter wusste davon nichts, und auch Emily wusste es nicht, bis sie sich morgens regelmäßig im Chemie-Unterricht übergeben musste. Per Telefon besprachen wir die Lage – sie am Münztelefon in ihrem neuen Wohnheim, ich noch immer im Keller.

Stell dir mal vor, wie überrascht Mom wäre, wenn das Kind weiß rauskäme und nicht schwarz, sagte sie mit einem groben Lachen. Ihr Freund war ein Schwarzer, doch Emily glaubte, der Verantwortliche war in diesem Fall eher der älteste Sohn einer (weißen) Freundin unserer Mutter – ein gutaussehender, dünner Junge, der seine ebenso dünne, pergamentartige Mutter bei mehr als einer Gelegenheit in den Bauch geboxt hatte. Als wir eines Abends bei ihnen zum Essen waren, hatte Emily, während meine Mutter und ihre Freundin oben Vertraulichkeiten bei einem Glas Wein austauschten, mit dem Jungen auf der unteren Matratze seines Etagenbetts geschlafen, während sein jüngerer, wesentlich weniger gut aussehender Bruder im Nachbarzimmer Frösche aus seiner Froschkollektion gegen meine Beine warf – als Versuch, die Tiere zu betäuben.

Das bedeutet, er mag dich, sagte die Mutter der beiden mit einem Augenzwinkern zu mir, als wir vier schließlich fürs Abendessen oben auftauchten, Emily zerzaust, ich mit schlammbespritzten Waden.

Es fiel mir schwer, das Geheimnis um Emilys Schwangerschaft zu bewahren. Sie schien zu hoffen, dass das Problem mit der Zeit einfach von selbst verschwinden würde. Außerdem warf sie sich eine ganze Menge LSD ein, und ich machte mir Sorgen, aus dem Fötus würde irgendein verballertes Alien mit Hirnschaden werden.

Schließlich erzählte sie es unserer Mutter; schließlich kam es zu einer Abtreibung. Ich erinnere mich an nichts mehr von jenem Wochenende, außer dass Emily, als sie von der Ärztin nach Hause kam, aus dem Auto sprang und sich den Bauch hielt, ins Haus rannte und direkt in ihr Schlafzimmer ging, ihr Gesicht rot und geschwollen vor Tränen.

Ehe der Frühling kam, war sie schon vom Internat geflogen, nachdem es zu drei »schweren Vorfällen« gekommen war auf dieser Schule, deren Grundsatz lautete, dass man beim dritten Zwischenfall raus war.

Es stellte sich heraus, dass auch meine Mutter und ihr Ehemann ein Geheimnis bewahren konnten, denn nur einige Monate später steckten sie Emily in eine so genannte *lockdown institution*, eine Schule in Utah namens Provo Heritage School for Girls, wo die Mädchen gewissermaßen eingesperrt waren. Meine Mutter gibt heute zu, dass diese Entscheidung möglicherweise ein Fehler war. Die Provo Heritage School war ein Mormonen-Verein, reich an Überwachungskameras und hoffnungslosen Insassinnen, denen es nicht erlaubt war, bei den Mahlzeiten Gabeln und Messer zu benutzen, denen es allerdings gestattet wurde, sich gegenseitig wegen ihrer Haare zu gängeln und sich gegenseitig mit ausgefallenen Geschichten darüber zugrunde zu richten, was sie angestellt hatten, um an diesem Ort zu landen. Einmal besuchten wir Emily dort, und als ich zurückkam, war ich ziemlich abgeschreckt vom Bild eines Mädchen-Clans in hellgrellem Make-up und Schlafanzügen, wie sie auf dem Parkplatz entlangtrotteten, um sportliche Betätigung zu bekommen, im Schatten der Rocky Mountains, die in einem Kreis um die Schule thronten wie eine endgültige, majestätische Bekräftigung ihrer Gefangenschaft.

Emily verbrachte zwei Jahre auf der Provo Heritage School, kam »reformiert« zurück, ging auf die örtliche High School und fand einen Nebenjob in einer Eisdiele. Während der ganzen Zeit schmiedete sie Fluchtpläne mit zwei schwarzen Schafen, Mädchen, mit denen sie sich an der Provo zusammengetan hatte. An einem Nachmittag ungefähr zwei Monate später, als

Emily sechzehn war, stahlen sie den hellblauen Honda Accord meiner Mutter, sprayten mit schwarzem Lack TO HELL OR BUST auf die Seite, rasierten sich Glatzen und brannten durch.

Zuerst machten sie einen kläglichen, halbherzigen Versuch, die anderen Mädchen an der Provo Heritage School zu befreien. Der Versuch bestand größtenteils darin, den Parkplatz vor der Schule zu umkreisen und dabei zur Feier ihrer Freiheit laut zu hupen. Dann fuhren sie Richtung Osten in der Hoffnung, es bis ins East Village von New York City zu schaffen. In Chicago allerdings ging ihnen das Geld aus, sie mussten sich dort eine Zeit lang verstecken und als Skinheads im Wagen meiner Mutter und auf der Straße leben. Ein Privatdetektiv namens »Hal«, den meine Mutter angeheuert hatte, um sie zu finden, schnappte sie schließlich in einem Dunkin' Donuts, der bekannt war als Aufenthaltsort für Ausgerissene. »Hal« brachte sie in Handschellen mit dem Flugzeug zurück nach Kalifornien und lieferte sie geradewegs im Jugendgefängnis ab.

Während der Fahrt in die Jugendstrafanstalt um die Weihnachtszeit war ich ängstlich, aber auch aufgeregt. Ich hatte Emily seit Monaten nicht gesehen und unsere Verbundenheit schrecklich vermisst, unsere Allianz gegen die neue Ehe unserer Mutter, unseren gemeinsamen Treueschwur für unseren verstorbenen Vater.

Es gab auch eine Menge, was ich nicht vermisste. Die zugeworfenen Türen, das heimliche Waschen der Fickflecken auf den Laken, die *Lass-mich-in-Ruhe-du-bist-nicht-mein-scheiß-Vater*-Szenen. Und obwohl es gewisse Filme gab, die sowohl Emily als auch ich liebten und die wir wie besessen zusammen schauten – *Liquid Sky, Suburbia, Repoman* –, hatte sie eine Vorliebe für dunklere Sachen. Eine Zeit lang standen sie und ihre

Freunde auf bestimmte Snuff-/Pseudo-Snuff-Filme namens *Gesichter des Todes*, die im Fernsehzimmer in unserem gemeinsamen Keller liefen, wann immer sie gerade mal zu Hause war. Nur ein einziges Bild aus einem der Todes-Filme reichte aus, um mir eine Woche lang den Magen umzudrehen und den Geist zu verderben.

Man hätte meinen können, dass wir als unerfahrene Teenager eher am Sex als am Tod interessiert gewesen wären. Doch wir waren – oder zumindest Emily – der Sex-Filme überdrüssig geworden, vermutlich als Folge von ungefähr einem Jahr unbegrenzter Softcore-Filmchen auf Showtime im Haus unseres Vaters. Die Filme hatten mich zwar nicht verdorben, doch sie bereiteten mir Schuldgefühle und machten mir Angst. Ich kroch immer ans Fußende von Emilys Bett, während sie mit ihren Freundinnen und Babysittern diese Filme schaute, und ich verwandelte mich dann in ein so kleines Bündel unter so vielen Decken, dass ich garantiert nichts von der Handlung sehen oder von den Schreien hören konnte, selbst wenn ich wusste – oder zumindest vermutete –, dass es Schreie vor Lust waren. Es schien wichtig, dabei anwesend sein zu können, im Zimmer sein zu können. Ich schätze, ich wollte nicht allein sein.

In der Jugendstrafanstalt sah ich Emily zuerst hinter einer Glasscheibe, mit einem roten Tuch um ihren kahlgeschorenen Kopf, während sie Billard spielte. Ihre Augen sahen ausgebombt und geistlos aus. Ich erkannte sie kaum. Nachdem wir reingelassen worden waren, tat sie so, als hätte sie uns nicht gesehen.

Jener Moment war der Anfang eines großen Umbruchs. Ich kam am Abend zurück nach Hause und gab mir ein Versprechen, das ich in meinem Tagebuch festhielt: Von nun an wäre mir meine Schwester egal. Es wäre mir egal, wo sie war, ob sie verloren wäre oder gefunden würde, ob sie am Leben wäre oder tot.

Dennoch blieb ich ihr dankbar für einige einfache, praktische Dinge, die sie mir beigebracht hatte. Wie man beim Rauchen einen so genannten Wasserfall macht, den Rauch ausatmet und ihn ansaugend in die Nase steigen lässt; wo man Bidis bekommt, jene dünnen Zigaretten aus Eukalyptusblättern, die ich liebte; wie man Eyeliner entlang dem Innenlid aufträgt. Emily hatte mir gesagt, alles, was du tun musst, um die Pille zu bekommen, ist deiner Gynäkologin zu sagen, dass deine Tage »unregelmäßig« sind, und das machte ich dann auch. Mir gefielen meine Freiheit und meine Anonymität. Ich wollte nicht von zu Hause fortgebracht werden. Ich bekam gute Noten und flog unter dem Radar. Irgendwann dachte ich, meine Schwester müsse eine Idiotin oder eine Irre sein, um in aller Öffentlichkeit so viel Mist gebaut zu haben. Selbst das Auto meiner Mutter zu stehlen schien einfach zu offensichtlich.

Kurz nach der Entlassung meiner Schwester aus dem Jugendgefängnis fiel meine Mutter mit ihrem Mann erneut über sie her, dieses Mal, um sie gegen ihren Willen in eine Bootcamp-Schule in der tiefsten Provinz von Bonner's Ferry, Idaho, zu stecken. Meine Schwester stand vor der Aussicht, Holz zu hacken, einsame Wildnisexpeditionen zu unternehmen sowie Teil eines ausgeklügelten Systems experimenteller Gruppen- und Einzeltherapien mit Namen wie »Entdeckung« und »Scheitelpunkt« zu werden, was sie dazu veranlasste, schleunigst abzuhauen. Sie schaffte es mehrere Meilen in den verworrenen Winterwald hinein und stieß dort auf den gefrorenen Kadaver eines Pferdes, bevor sie vom örtlichen Sheriff gefunden und zurück zur Schule gebracht wurde, wo sie die nächsten zwei Jahre verbrachte.

Als Emily fort war, lag ich nachts nicht mehr wach und lauschte, wie sie durch ihr Zimmerfenster ein- und ausstieg. Stattdessen lauschte ich, wie der Mann meiner Mutter kam und ging, entweder mit seinem Motorrad oder dem Kleinbus seines Malerbetriebs – einem weißen Kleinbus, der auf der Seite verziert war mit den Worten FRISCH GESTRICHEN. Er spielte Gitarre, allerdings nicht so gut wie mein Vater, und wenn er in Stimmung war, durfte ich in sein »Büro« kommen, um Jimi-Hendrix-Songs beigebracht zu bekommen. Ganz besonders liebte er »Red House«.

Eigentlich ging ich nie gern in sein »Büro«, denn es war Emilys Zimmer, das er in ihrer Abwesenheit ausgeschlachtet hat. Er hatte ihre spiralig geschwungenen Collagen von Rockstars und Topmodels durch Blaupausen von Häusern ersetzt, an denen er gerade arbeitete, und durch Farbfotos eines Strandpromenadenabschnitts in Belize, den er sich zusammen mit einigen »Geschäftspartnern« gekauft hatte. Der Inhalt seiner Geschäfte änderte sich andauernd, wie auch die Zusammensetzung der Geschäftspartner. In den frühen 1970ern hatte er für einige Jahre in Belize gewohnt, mit seiner ersten Frau und seiner Tochter, und nun träumte er permanent davon, dorthin zurückzukehren und ein Aussteigerleben zu führen. Wenn er besonders nostalgisch wurde, kramte er seine Dias von Belize hervor und projizierte sie an die Wand unseres Wohnzimmers. Von diesen Bildern erinnere ich mich nur an eine Gruppe fahler Mennoniten, die im Dschungel seine Nachbarn gewesen waren. Ich wusste, dass er die Machete, die er aus dieser Zeit hatte, unter dem Bett aufbewahrte, in dem er und meine Mutter schliefen.

Wenn mein Stiefvater abends aus seinem »Büro« gegangen

war, streunte ich in der Nacht immer in Emilys dunklem und verlassenem Zimmer herum. Ich hörte mir ihre Alben an. Mehr als einmal stemmte ich schuldbewusst eine Schublade ihres Tisches auf. Manchmal fand ich kleine, leere Plastiktütchen, die noch bedeckt waren mit Rückständen von weißem Pulver. Andere Schubladen förderten Fotos von ihren Freundinnen mit Irokesenschnitt zutage, wie sie der Kamera den Stinkefinger zeigten. Ich wühlte mich durch die Bücher, die sie auf ihren Regalen zurückgelassen hatte; viele von ihnen hatte ich ihr als Geschenk gegeben. Ich freute mich, als ich sah, dass sie in Sylvia Plath' *Collected Poems*, die ich ihr zum erfolgreichen Abschluss der achten Klasse geschenkt hatte, an einigen Stellen Eselsohren ins Buch gemacht hatte.

Im selben Jahr, ich war zwölf, hatte ich ein Gedicht bei einem Wettbewerb eingereicht, der von unserer Lieblingsband gesponsert worden war: The Cure. Es war ein furchtbar melodramatisches Gedicht, das den Titel »Shame« trug. (Die Band hatte den Titel vorgegeben, und man sollte etwas dazu schreiben.) Das Gedicht war hauptsächlich eine Collage aus Cure-Texten und Zeilen, die ich von Plath geklaut hatte, und es war eine fantasiereiche Rekonstruktion von Emilys Entjungferung.

Erstaunlicherweise gewann das Gedicht den Wettbewerb. Ich dachte, Emily würde wahnsinnig eifersüchtig sein, doch stattdessen war sie unglaublich stolz, und gab mit »Shame« und dem Brief, den ich von der Band bekommen hatte vor jedem in der Schule an. Zweifellos war das einer der besten Momente meines Lebens.

Ein anderes Buch, das ich ihr ausgeliehen hatte, war *Rubinroter Dschungel,* der klassische lesbische Bildungsroman von Rita Mae Brown. Später gab ich das Buch zögerlich an »Hal«

weiter in der Hoffnung, er könne darin potentielle Anhaltspunkte bei seiner Suche nach Emily finden. Es machte mich fertig; ich wusste, dass es ein Verrat war. Der Grund lag in diesem arschkriecherischen Teil von mir, dem Teil, der »die Erwachsenen« immer damit beeindrucken wollte, wie klug und hilfreich ich sein konnte. Der Grund war auch, dass ich angepisst war, dass sie abgehauen war, ohne mir davon zu erzählen. Es war das erste Mal, dass sie mir ein Geheimnis nicht anvertraut hatte, und ich wollte sehen, wie sie dafür bestraft würde.

Ein anderer Teil von mir spornte sie allerdings an. Ich wollte, dass sie weitermacht, dass sie unserer Mutter und unserem Stiefvater weiter eins auswischt, dass sie zu allen und allem weiterhin das große *Fickt euch* sagt, das große *Fickt euch,* das ich nicht sagte. Ich wollte, dass sie weiter wegläuft, dass sie es schaffen würde, letztendlich dorthin zu gelangen, wo sie derart verzweifelt hinwollte.

Meine Mutter hatte uns immer erzählt, dass Jane die rebellische Tochter gewesen war, die kein Blatt vor den Mund nahm, während unsere Mutter die pflichtbewusste gewesen ist. Jane würde als leidenschaftliche Bürgerrechtsanwältin die Welt verändern; meine Mutter würde heiraten und es unserem Vater ermöglichen, sein Jurastudium abzuschließen, indem sie Englisch auf einer High School unterrichtete, dann ihren Beruf aufgeben und zwei Kinder großziehen. Jane hatte all die Dinge zu ihren Eltern gesagt, die meine Mutter nicht sagte oder sagen konnte – das große *Fickt euch* (oder im Jahr 1969: *Ihr Rassistenschweine!*). Das Ergebnis war, dass Jane nicht länger im Elternhaus willkommen war. Hätte Jane sich nicht von ihren Eltern entfremdet, hätte sie sich keine Sorgen gemacht, dass sie ihre Entscheidung, einen linksgerichteten Juden zu heiraten und nach New York City zu ziehen, nicht akzeptieren würden, wäre sie am 20. März 1969 nicht allein nach Hause gefahren. Sie hätte am Schwarzen Brett keinen Aushang für eine Mitfahrgelegenheit gemacht, und sie wäre nicht mit zwei Kugeln in ihrem Kopf geendet, am nächsten Morgen ausgestreckt auf einem fremden Grab auf dem Friedhof von Denton, »aufgedunsen und leblos«, ihr nackter Hintern auf dem gefrorenen Boden, die Strumpfhose einer Fremden in ihre Haut eingeschnitten.

Liebe Jane,
es macht wenig Unterschied, ob es zwei Menschen oder zwei Nationen sind, die widersprüchliche Meinungen haben – der Konflikt lässt sich nur beheben, wenn Kommunikation stattfindet. In dieser Hoffnung schreibe ich diesen Brief. Ich bin mir sicher, dass es für mich (und für Dich) keine Frage ist, dass der Kontakt, den wir das vergangene Jahr hatten, sehr beunruhigend und alles andere als angenehm war. Ich gebe auch zu, dass Meinungsverschiedenheiten zwischen Tochter und Elternteil normal sind und dass die meisten dieser Eisberge in der Regel glücklicherweise mit der Zeit zu klitzekleinen Eisklumpen schmelzen. Ich bin sicher, dass das bei uns der Fall sein wird. Doch die letzten paar Male, in denen wir zusammen waren, sind traumatische, emotionale Erfahrungen gewesen, die zu rein gar nichts führten. Ich habe nicht die Absicht, diese Art von Beziehung aufrechtzuerhalten.

So schrieb mein Großvater am 4. März 1968. Doch zwischen den beiden wurden die Dinge nicht besser – in Wahrheit wurde die Beziehung zwischen Jane und Phil inniger, und als sie ihre

Pläne unterbreitete, zu heiraten und nach New York zu ziehen, veränderten sich die Dinge zum Schlechteren. Ein Jahr später war sie tot. Die Zeit bekam nicht die Chance, riesige Eisberge zu klitzekleinen Klumpen zusammenzuschmelzen. Stattdessen fror ihr Tod diese Eisberge einfach zu Eisbergen fest und fror ihren Vater in einen Zustand von endlosem Unverständnis, für sie und für ihre Beziehung zueinander.

Rubinroter Dschungel stellte sich als hilfreicher Anhaltspunkt heraus. Emilys Reisepläne basierten tatsächlich teilweise auf Browns Buch, worin dargelegt wird, wie man im East Village zu Geld kommen kann, indem man relativ schmerzlose sexuelle Stunts durchführt, zum Beispiel einem Typen Grapefruits gegen die Eier zu werfen.

Während dieser Jahre gingen meine Mutter und ich ziemlich häufig zusammen ins Kino. An dunklen Orten zu sitzen, zusammen in dieselbe Richtung zu starren – es war eine einfache Weise, miteinander Zeit zu verbringen. An Wochenenden fuhren wir immer über die Golden Gate Bridge nach San Francisco, fanden ein gutes Arthaus-Kino, zahlten unseren Eintrittssold und schmuggelten uns dann von einem Film in den nächsten hinein – ihr Trick. Doch es gab dabei immer wieder ein Problem – sie konnte Szenen, die Entführungen von Frauen beinhalteten, nicht ertragen, besonders dann nicht, wenn Frauen in Autos gezerrt wurden, und sie konnte nicht mit ansehen, wenn Frauen mit Pistolen bedroht wurden, besonders dann nicht, wenn die Pistolen den Frauen an den Kopf gehalten wurden.

Man muss nur einmal versuchen, das zu berücksichtigen, wenn man ins Kino geht, und wird überrascht sein, wie oft solche Szenen vorkommen.

Ich bin mit siebzehn von zu Hause ausgezogen, um aufs College zu gehen, und das in New York, wo ich bald das große Vergnügen entdeckte, allein ins Kino zu gehen. Doch wann immer eine solche Szene begann, spürte ich im dunklen Kino ganz nahe neben mir sofort meine Mutter. Ihre Hände breiten sich über ihr Gesicht aus, ihre kleinen Finger halten die Augenlider zu, so dass sie nichts sehen kann, ihre Zeigefinger drücken die Ohren zu, so dass sie nichts hören kann.

Ich spürte dies ganz schmerzlich, als ich vor mehreren Jahren ins Film Forum im Greenwich Village ging, um mir *Taxi Driver* anzusehen. Ich war aufgeregt – es war die erste Vorführung einer neuen Filmkopie, und es war ein Klassiker, den ich noch nie gesehen hatte. Meine Aufgeregtheit wurde ein wenig gedämpft, als ich, während ich in der Schlange wartete, bemerkte, ich war eine der wenigen Frauen unter den Kinobesuchern und vor allem eine der wenigen Frauen, die ohne Begleitung in die Vorstellung gingen. Das Publikum bestand im Kern aus männlichen Film-Nerds, wahrscheinlich Filmstudenten der NYU, die sich anscheinend vorbereitet hatten, die Vorführung wie eine Aufführung der *Rocky Horror Picture Show* zu behandeln und im Chor die vielen berühmten Sprüche des Films auszurufen, noch bevor die Charaktere sie sagten. Das war in Ordnung, manchmal sogar amüsant, bis zu dem Moment, in dem ein Fahrgast – gespielt von Scorsese selbst – in Travis Bickles Taxi den folgenden Monolog von sich gibt, während er seine Frau hinter dem Fenster im Haus eines anderen Mannes beobachtet:

> Ich werd' sie erschießen, diese Hure, mit einer .44er Magnum. Das ist eine schöne Kanone, diese .44er. Dagegen ist kein Kraut gewachsen. Soll ich Ihnen sagen, was die Magnum aus dem Gesicht meiner Frau macht? Einen Bombentrichter. Da bleibt nichts übrig. Ich werd' ihr Gesicht wegsprengen. Das ist nur der Anfang. Jetzt können Sie sich vorstellen, was von ihrer Muschi übrig bleibt. Ein Krater. Glauben Sie mir, eine .44er Magnum eignet sich dafür besonders.

Allein in einem Meer von jungen Männern zu sitzen, die grölen: *Schon mal gesehen, was eine .44er mit einer Muschi anstellen kann?*, war kein Spaß. Vielleicht war es nicht hinnehmbar, und vielleicht hätte ich es nicht hinnehmen sollen. Ich blieb bis zum Ende des Films sitzen, doch als ich langsam durch die dunklen kopfsteingepflasterten Straßen von SoHo zu meinem Apartment in der Orchard Street ging, musste ich an meine Mutter denken und an Jane und an Emily, und Tränen liefen mir die Wangen runter. *Ein Krater.*

Während eines Besuchs in San Francisco im Jahr 1996 kehrten meine Mutter und ich an einen unserer alten Schlupfwinkel zurück, das Opera Plaza Cinema auf der Van Ness Avenue, um einen Film zu schauen, von dem wir praktisch nichts wussten, außer dass es eine »schwarze Komödie« war mit dem Titel *Freeway.* In den Anfangsszenen klaut ein ungeratenes Teenager-Mädchen, gespielt von Reese Witherspoon, den Wagen ihrer Mutter und haut ab von ihrer wahrhaft wahnsinnigen Familie. Anschließend bleibt ihr Wagen auf einem kalifornischen Freeway liegen, und ein scheinbar wohlmeinender Yuppie, gespielt von Kiefer Sutherland, hält an, um ihr zu helfen. In seinem Wagen führen die beiden eine weitschweifige Unterhaltung, die sich zum Schlechten entwickelt, als er anfängt davon zu sprechen, dass er ihren toten Körper vergewaltigen will. Schließlich begreift sie, dass er der so genannte »Freeway-Killer« ist und dass er vorhat, aus ihr sein nächstes Opfer zu machen.

An dieser Stelle im Film – nach nur etwa zehn Minuten – war mir klar, dass wir abhauen müssten. Doch als wir begannen, unsere Sachen zusammenzukramen, nahm der Film eine andere Wendung. Witherspoon übernimmt die Kontrolle und zieht die Kanone ihres Freundes. Sie fragt Sutherland, ob er glaube, Jesus Christus sei sein persönlicher Erlöser, dann schießt sie ihm ein paar Mal in den Hals. Anschließend übergibt sie sich und stiehlt sein Auto; sie hält ihn für tot und lässt ihn am Straßenrand liegen.

Ich glaube nicht, dass er wirklich stirbt, aber um ehrlich zu sein, erinnere ich mich sonst an nichts weiter. Woran ich mich erinnere, ist der Moment in dem kleinen, dunklen Kinosaal, kurz bevor Witherspoon ihre Waffe zieht, kurz bevor wir aufstanden, um zu gehen, als meine Mutter sich zu mir rüberbeugte und sagte: *Lass uns noch eine Minute warten – vielleicht passiert jetzt grade was anderes.*

AMERIKANISCHES TABU

Die erste E-Mail, die ich von *48 Hours Mystery* bekomme, erreicht mich ein paar Monate vor Prozessbeginn und stammt von einem Produzenten, der mich als »Mrs Nelson« anredet und damit unabsichtlich eine Identität heraufbeschwört, die meine Mutter vor vielen Jahren nur für eine kurze Zeit besaß. In seiner E-Mail schreibt der Produzent, er hoffe, dass ich es mir vorstellen kann, mit ihnen zusammenzuarbeiten, da er der festen Meinung sei, dass »die Geschichte über den Kampf und die Hoffnung« meiner Familie von großer Bedeutung für ihr Publikum sein werde.

Ich lasse diesen Satz einige Zeit in meinen Gedanken kreisen. Ich frage mich, ob er sich uns als die Art von Familie vorstellt, die ein Foto von Jane und einen Schriftzug wie »Wir werden dich niemals vergessen« auf T-Shirts drucken lässt, so wie ich es von einigen Familien in dieser Art von Fernsehsendung gesehen habe. Ich frage mich, ob er im Dezember 2004 den Artikel in der *Detroit Free Press* gelesen hat, worin mein Großvater die Wiederaufnahme von Janes Fall damit vergleicht, »die Kruste einer Wunde aufzukratzen«. Ich frage mich, was er denken würde, wenn er davon wüsste, wie mein Großvater nach der Anhörung im Januar gefragt wurde, was er bisher über das Gerichtsverfahren dachte, und auf die Frage antwortete, er habe es als »langweilig« empfunden.

Ich vereinbare mit dem Produzenten ein Abendessen in einem Restaurant auf der Upper West Side in Manhattan.

Am Abend vor unserem Treffen bleibe ich lange wach und durchforste die Webseite von *48 Hours Mystery.* Ich finde heraus, dass sich die Sendung vormals auf Human-Interest-Geschichten mit unterschiedlich starker sozialer Relevanz konzentriert hatte – der internationale Sexhandel, Pro und Kontra einer »Subway-Sandwich-Diät«, die Risiken einer Magenbypass-Operation. Als jedoch die Quoten für investigativen Journalismus einbrachen und für True-Crime-Sendungen in die Höhe schnellten, wurde aus »*48 Hours*« schließlich »*48 Hours Mystery*«. Gelegentlich versuchen sie, tiefgründigere Themen innerhalb der Murder-Mystery-Rubrik um Kriminalfälle aufzugreifen – eine aktuelle Sendung geht zum Beispiel der Frage nach *Wer war der Mörder Jesu?* mit Elaine Pagels in der Hauptrolle.

Als ich die lange Liste der Sendungstitel runterscrolle, bemerke ich, wie meine Stimmung sinkt. Es gibt eine Reihe von Sendungen über vermisste oder ermordete Mädchen und Frauen, mit panikmachenden Titeln wie: *Wo ist Baby Sabrina? Wo ist Molly? Wo ist Mrs March?* Andere Sendungen kreisen um bekannte Fälle – *JonBenét: DNA-Analyse schließt Eltern aus; Ist Amber Fey noch verliebt in Scott Peterson? – Ihr Vater beteuert, sie hat die Trennung nie verwunden*; während andere einen poetischeren Effekt anstreben: *Die dunkle Seite von Mesa County: Hat Michael Blagg seine Frau und Tochter ermordet?* Ich versuche mir vorzustellen, welchen Titel sie für Janes Sendung wählen werden, doch ich laufe auf Grund.

Ich finde den Produzenten an einer Straßenecke auf dem Broadway, während er sich vor dem Restaurant gerade mit einigen seiner College-Freunde unterhält, die allesamt erst vor ein paar Jahren das Studium abgeschlossen haben. Ich bin überrascht – ich hatte ein Abendessen mit einem aalglatten Adligen erwartet, einem ausgekochten Veteranen des Fernsehgeschäfts. Scheinbar beruht die Überraschung auf Gegenseitigkeit: Als wir uns setzen, sagt er mir, dass ich viel zu jung aussehe, um Professorin zu sein, und er ist verblüfft, dass ich nicht verheiratet bin. Ich hab' keine Ahnung, warum er glaubte, dass ich es wäre.

Unser Treffen findet am frühen Abend statt, denn er muss schon im Morgengrauen einen Flug nach Los Angeles erwischen, um über den Prozess wegen Kindesmissbrauchs gegen Michael Jackson zu berichten. Ich interessiere mich nicht besonders für den Jackson-Prozess, aber versuche, Smalltalk über die anderen berühmten Prozesse zu machen. Ich erwähne Gary Gilmore und Norman Mailers *Gnadenlos*; er sagt, er habe noch nicht von Norman Mailer gehört, aber wird sich definitiv über ihn erkundigen. Er bestellt eine Flasche Sauvignon Blanc für uns und wirkt dann perplex, als die Flasche kommt. *Ich hab' gedacht, ich hätte uns einen Roten bestellt,* sagt er, während er mit einem Schulterzucken dekantiert.

Beim Wein fragt er mich, ob ich während des Schreibens von *Jane* das Gefühl gehabt hätte, dass meine Tante durch mich eine Stimme bekommt. Ich sage, nein. Er sieht enttäuscht aus. Ich versuche zu erklären, dass es in *Jane* um Identifikation geht, nicht um Verschmelzung. Dass ich sie nie kennengelernt hatte. Dass ich in dem Buch nicht versuche, für sie zu sprechen und sie stattdessen eher selbst zu Wort kommen lasse durch ihre Tagebucheinträge. Und dass es, obwohl ich versuchte, ihren Tod zu imaginieren, keine Möglichkeit gebe, zu erfahren, was sie durchgemacht hatte – nicht nur weil ich nicht weiß, was genau ihr in der Nacht des Mords angetan wurde, sondern weil niemand tatsächlich weiß, was es heißt, in der Haut eines anderen zu stecken. Dass keine lebende Person einer anderen erzählen kann, was es heißt, zu sterben. Dass wir an dieser Stelle unseres Lebens auf uns allein gestellt sind.

Unsere Hauptgerichte kommen – stylish angerichtete Seeteufelstapel –, und er schaltet einen Gang höher und sagt, es sei jetzt Zeit fürs »Verkaufsgespräch«. Er meint, auch wenn *48 Hours Mystery* anstrebe, Unterhaltung zu produzieren, so würde im Zentrum der Sendung doch immer auch ein ernsthaftes gesellschaftliches Thema stehen. Als ich ihn frage, welches Thema es in diesem Fall sein könnte, sagt er, diese Episode werde von Trauer handeln. Davon, wie anderen Menschen in ihrer Trauer geholfen werden könne. Er sagt, die Beteiligung meiner Familie könnte anderen Menschen in einer ähnlichen Situation wirklich eine Hilfe sein.

Ich denke: *All den Zuschauern, die glaubten, ein Mitglied ihrer Familie an einen bekannten Serienmörder verloren zu haben, und dann 36 Jahre später mitgeteilt bekommen, dass DNA vom Tatort sowohl mit der DNA eines pensionierten Krankenpflegers als auch der DNA eines Mannes übereinstimmt, der zum Zeitpunkt des Mordes vier Jahre alt war und als Erwachsener seine Mutter umbrachte.*

Weniger liebenswürdig, als ich es intendiert hatte, frage ich, ob es einen Grund gebe, warum Geschichten über die bizarren, gewaltsamen Tode gutaussehender, junger Frauen aus der Mittel- und Oberschicht besser geeignet seien, Menschen in ihrer Trauer zu helfen, als andere Geschichten.

Ich hatte mir schon gedacht, dass das kommen könnte, sagt er gutmütig, aber vorsichtig, während er seine Serviette auf dem Schoß zusammenfaltet.

Nach dem Essen gehen wir ein paar Blocks gemeinsam den Broadway rauf und kommen an einem der gigantischen, grell beleuchteten Barnes & Nobles vorbei, die jetzt an so vielen New Yorker Straßenecken aus dem Boden sprießen. Ein plötzlicher Einfall bringt ihn zum Strahlen – er sagt, er werde in den Laden gehen und das Mailer-Buch kaufen, von dem ich ihm erzählt hatte, und er werde es auf seinem morgigen Flug nach Kalifornien lesen. *Gute Idee,* sage ich, ohne zu erwähnen, dass es 1056 Seiten lang ist. Er lockt mich in den Laden und sagt, er werde mir alles kaufen, was ich wolle – über sein Spesenkonto von CBS.

Ich weiß, dass ich ablehnen sollte. Doch ein verruchtes Gefühl hat in mir schon Wurzeln geschlagen: Du benutzt mich, warum soll ich dich nicht auch benutzen.

Wir stöbern ein wenig unabhängig voneinander, treffen uns dann an der Kasse wieder. In meiner Hand habe ich James Ellroys 1996er »Kriminal-Memoir« *Die Rothaarige.*

Die Rothaarige ist ein finsteres, fesselndes Buch über den Mord an Ellroys Mutter aus dem Jahr 1958 und seine anschließende sexuelle und literarische Obsession von Frauen, die bei lebendigem Leib seziert wurden. Verstohlen hatte ich das Buch während meiner Arbeit an *Jane* in den letzten Jahren schon in einigen anderen Buchläden durchgeblättert, hatte mich allerdings immer zu sehr geschämt, es mir selbst zu kaufen. Es kommt mir wie das perfekte Souvenir für diesen Abend vor.

Zur Verabschiedung überreicht mir der Produzent eine Videokassette mit einer Beispielfolge seiner Sendung, die ich in meiner Barnes & Noble-Plastiktüte verstaue.

Am nächsten Morgen nehme ich den Zug zurück nach Connecticut und stopfe die Einkaufstüte unter meine Kommode, als wollte ich versuchen, einen One-Night-Stand zu vergessen, den ich lieber ungeschehen machen würde. Einen Monat lang bleibt die Tüte dort liegen. Als ich sie endlich herausziehe, stelle ich das Buch zusammen mit der Videokassette auf meinen Tisch im Ponderosa Room, wo sie für einige weitere Monate unberührt liegen bleiben.

Auf dem Etikett der Videokassette steht: *Amerikanisches Tabu: Wer war der Mörder einer schönen Friedenscorps-Freiwilligen in Tonga?*

Letztendlich ziehe ich eines Abends meinen Fernseher aus dem Schrank, mache es mir auf der Couch bequem und schiebe *Amerikanisches Tabu* in den Videorekorder.

Die Sendung beginnt mit dem Foto einer wirklich wunderschönen braunhaarigen Frau, die verspielt, erotisch auf einem langen Grashalm herumkaut. Anschließend tritt ein True-Crime-Autor auf, der ein Buch über diese Frau geschrieben hat. Ihr Name war Deborah Gardner, und mit Bergen im Hintergrund erklärt der Autor, warum er von ihr besessen war. Er sagt, es hing zusammen mit einer Kombination aus der Schönheit der Frau und der Brutalität ihrer Ermordung im Jahr 1976. Danach zitiert er Edgar Allan Poe, der einst verkündete, der Tod einer schönen Frau sei der poetischste Stoff der Welt.

Ich bin verdutzt: Dasselbe Zitat hatte ich in *Jane* verwendet.

Die Sendung pendelt dann hin und her zwischen weiteren reizenden Fotos von Gardner und Fotos von ihrer blutverschmierten Leiche in einer Hütte in Tonga, wo sie ein anderer Freiwilliger des Friedenscorps mit 22 Messerstichen tötete. (Er wird später von einem Gericht in Tonga für unschuldig befunden werden, aufgrund von Unzurechnungsfähigkeit. Die Kamera kreist um ihre Hütte während einer Nachstellung des Mordes, zunächst aus der Perspektive ihres geistesgestörten Mörders, anschließend aus der einer panischen, sterbenden Deborah Gardner, die verzweifelt um ihr Leben ringt. Es werden einige Bilder des Sägemessers gezeigt, das offenbar für die Tat verwendet wurde.

Ich kann mir *Amerikanisches Tabu* nicht bis zum Ende ansehen. Ich versuche es bei einigen anderen Gelegenheiten wieder, doch jedes Mal endet es damit, dass ich symptomatisch einschlafe oder verzweifelt abschalte.

Die Sendung über Jane, die am Thanksgiving-Tag des Jahres 2005 gesendet werden wird, trägt den Titel *Tödliche Fahrt.* Ich werde sie ebenfalls nicht ansehen, auch wenn meine Mutter und ich angeblich die Hauptrollen spielen. Man wird mir vergewissern, dass wir einiges an Würde, einiges an Tiefe zu diesem Genre beitrugen, und auch zu Janes Leben, und ich werde mich darüber freuen. Das war der Zweck unserer Beteiligung, denn sie hätten die Sendung mit oder ohne uns gemacht. Ich möchte jedoch nicht wieder und wieder die Fotos vom Tatort über den Bildschirm flimmern sehen, und ich will auch nicht darüber nachdenken, wie Millionen von Amerikanerinnen und Amerikanern auf Janes Leiche unter ihrem blutbefleckten Regenmantel stoßen, wenn sie durch die Fernsehkanäle schalten, während eines Besuchs bei den Schwiegereltern, spät in der Nacht, immer noch vollgestopft vom Thanksgiving-Dinner.

Ich brauche sogar noch länger, bis ich das Ellroy-Memoir aufschlage, doch ich schaffe es in einem Zug bis ans Ende. Wie bei *Amerikanisches Tabu* gibt es einige frappierende Parallelen.

Ellroys Mutter starb, als er zehn war. Exakt 36 Jahre später beschließt er, Nachforschungen über den lange verdrängten Mord anzustellen und darüber zu schreiben. Schließlich ist es ihm möglich, ihren Fall, an dem er mit einem Detective der Mordkommission der LAPD zusammenarbeitet, wieder aufzurollen.

Ellroy leidet ebenfalls am Mordgemüt, doch in seinem Fall, wird er davon erregt. Der Originaltitel lautet *My Dark Places* und der dunkle Ort des Titels – die Fantasie, die ihn beinahe an den Rand des Wahnsinns treibt – ist der Wunsch, seine verstümmelte Mutter zu ficken. *Ihre amputierte Brustwarze erregte mich.*

Trotz all seiner harten Arbeit an ihrem Fall bleibt der Mord an Ellroys Mutter bis heute ungelöst; am Ende seines Buches steht eine Kontaktnummer für telefonische Hinweise. *Ich werde noch mehr erfahren,* verspricht er seiner toten Mutter auf der letzten Seite. *Du bist fort, und ich will mehr von dir.*

Es ist ein enttäuschendes Ende. Nicht weil der Fall nicht gelöst wird, sondern weil Ellroy zu keinem Moment die Zwecklosigkeit seines Unterfangens begreift. Stattdessen schlägt seine Zwanghaftigkeit, er wolle »mehr erfahren«, nur mit immer größerer Geschwindigkeit gegen diese Zwecklosigkeit. Er ist sich bewusst, dass keine noch so große Menge an Informationen über das Leben oder den Tod seiner Mutter ihm diesen Menschen zurückbringen wird, und trotzdem, aus irgendeinem Grund versteht er es nicht.

Ich verstehe es auch nicht.

Ich hatte niemals den Wunsch oder den Drang verspürt, Jane zurückzubringen – ich habe sie ja nicht mal gekannt. Und auch wenn mich der ungelöste Status ihres Falls einst verfolgte – jetzt war ein Mann dafür verhaftet worden, der ohne Kaution festgehalten und bald vor Gericht stehen wird. Und trotzdem, jeden Tag, wenn ich in Fakultätsbesprechungen sitze oder auf eine Ampel warte, ertappe ich mich dabei, wie ich Listen mit möglichen weiteren Ansatzpunkten für die Ermittlungen zusammentrage. Sollte ich Leiterman im Gefängnis besuchen? Mitglieder seiner Familie interviewen? Johnny Ruelas suchen? Mehr Zeit mit Schroeder verbringen? Wozu in aller Welt?

Der gängigen Meinung nach graben wir Familiengeschichten aus, um mehr über uns selbst zu erfahren, um das alles entscheidende Ziel der »Selbsterkenntnis« zu erreichen, um uns selbst, wie Ödipus, jene Flugbahn entlangzuschleudern, die uns zur Enthüllung irgendeines ursprünglichen Verbrechens führt, irgendeiner ursprünglichen Wahrheit. Dann stechen wir uns aus Schande die Augen aus, laufen schreiend in die Wildnis davon, und die Plagen, die über unserem Volk niederprasseln, haben ein Ende.

Wenige Menschen sprechen davon, was geschieht, wenn diese Flugbahn sich aufzulösen beginnt, wenn der Pfad nicht mehr vom Wald zu unterscheiden ist.

Foto #3:
Eine Nahaufnahme der Einschusswunde auf der linken, unteren Seite von Janes Schädel. Ihr Haar, strähnig und rot vor Blut, ist zur Seite gelegt worden, um die Wunde freizulegen, wie um eine Zecke aus dem Fell eines Tieres zu entfernen. Das Loch ist umgeben von einer leuchtend roten Korona abgeschälter Haut,

die der Gerichtsmediziner als »Kontusionshof« bezeichnet. Der Durchmesser der Wunde ist sehr gering; eine .22er ist keine großkalibrige Waffe.
Ein Pünktchen weißes Licht vom Laserpointer des Gerichtsmediziners tanzt beinahe 20 Minuten lang in die Schusswunde hinein und um sie herum. Zuerst finde ich, das Loch sieht aus wie ein Seeigel. Dann finde ich, es sieht aus wie ein Anus. Die anhaltend projizierte Nahaufnahme gibt mir das Gefühl, dass ich etwas Falsches tue – ich fühle mich, als könnte ich aufspringen und anfangen, irgendetwas zu singen. Ich stelle mir vor, wie der Gerichtssaal urplötzlich zu einem possenhaften Musical umschwingt, zu einer Selbsthilfe-Parodie, der ich den Titel »Die Umkreisung der Wunde« geben würde.

MORDGEMÜT, REDUX

Während des Winters 2004–2005 war das größte Lokalereignis in Middletown, Connecticut, die bevorstehende Hinrichtung des verurteilten Serienmörders Michael Ross. Die Hinrichtung sollte planmäßig einige Orte entfernt stattfinden und sollte die erste Hinrichtung in New England seit den 1960ern sein.

Ross' Mordorgie hatte große Ähnlichkeit mit den Michigan-Morden. Er begann 1981 auf dem Campus der Cornell University, und in den nächsten drei Jahren tötete er acht Mädchen und junge Frauen; John Collins war ein Student an der Eastern Michigan University gewesen, und viele der Mädchen, die er angeblich umbrachte, hatten entweder an der Eastern University oder der University of Michigan studiert. Jedoch im Unterschied zu Collins, der bis zum heutigen Tag vom Gefängnis aus seine Unschuld beteuert, bekannte Ross sich schuldig. Ebenfalls im Unterschied zu Collins wurde Ross in einem Staat verurteilt, der die Todesstrafe verhängen darf, und wurde 1987 zum Tod mittels tödlicher Injektion verurteilt.

Während der nächsten 18 Jahre, die er im Todestrakt verbrachte, stellte er eine ganze Reihe von Berufungsanträgen – zur Kastration, zur Neuverhandlung, zur Exekution. Als jedoch das Datum seiner Hinrichtung im Januar 2005 näher rückte, weigerte er sich, weitere Berufungsanträge zu stellen. Verhandlung um Verhandlung insistierten er und sein Anwalt, dass er geistig zurechnungsfähig sei, dass er wisse, was er tue. Wie schon Gary

Gilmore vor ihm kämpfte Ross dafür zu sterben. *Ich will keinen Grabstein, keine Andenken … Ich will nur vergessen sein,* meinte er in einem Interview auf der umfangreichen Webseite, die er vom Gefängnis aus pflegte.

Auf derselben Webseite beschreibt Ross seinen Geisteszustand – der medizinisch (wenn auch verallgemeinernd) als »sexuell sadistische Störung« klassifiziert wird – auf folgende Weise:

> Ich schätze, die einfachste Art, es zu erklären, ist, dass jeder ein Lied im Kopf hatte, wie eine Melodie, die man im Radio gehört hat oder so. Sie läuft einfach immer wieder und wieder … Ich habe sie & egal, wie sehr du auch versuchst, die Melodie loszuwerden, ist sie immer noch da. Und genau das kann dich kaputtmachen. Aber wenn du diese Melodie jetzt mit Gedanken an Vergewaltigung & Mord & Erniedrigung von Frauen ersetzt …

Diese Beschreibung ging mir durch Mark und Bein. Es war eine ausgezeichnete Beschreibung vom Mordgemüt.

Am 23. Januar 2005 – der Sonntag vor seinem Hinrichtungstermin am Mittwoch darauf – war die Tageszeitung *Hartford Courant* voll mit Berichten zu Ross. Ich betrachtete die Titelseite durch die gesprungene, graffitibeschmierte Scheibe eines Zeitungsautomaten auf der Main Street vor einem Dunkin' Donuts, der als eine Art Rehabilitationszentrum für die vielen Heimatlosen der Stadt diente. Der Dunkin' Donuts befand sich gleich neben dem örtlichen Kino, in dem gerade der Horrorfilm *Saw* gezeigt wurde. Auf dem Filmposter war das abgesägte, blutige Bein einer Frau abgebildet, das neben dem Slogan lag: *Wieviel Blut wollen Sie vergießen, um zu überleben?*

Ich betrat den Laden, um Geld zu wechseln, kaufte die Ausgabe für eine Handvoll Quarter und setzte mich an die Theke, um mir die Zeitung anzuschauen.

Auf der Titelseite waren einige große Farbfotografien von vier Mädchen und jungen Frauen zu sehen, unter denen folgender Text geschrieben stand:

> Diese [Opfer] wurden entführt von einem Mann, der zunächst mit ihnen plauderte und sie anschließend gewaltsam in seinen Wagen oder in den Wald drängte. Er hat gestanden, alle außer eines der Opfer vergewaltigt zu haben. Nach den Vergewaltigungen zwang er sie dazu, sich auf den Bauch zu drehen. Daraufhin hielt er sie rittlings am Boden und strangulierte sie von hinten.

Ich kannte diese Art von Artikel nur zu gut. Vor einigen Jahren verbrachte ich einen langen, drückend heißen Sommer im Keller der New York Public Library damit, Dutzende Abzüge von Mikrofilmen derartiger Artikel für *Jane* zu machen. Ich schlug mich durch Spule um Spule der *Detroit News* und hielt Ausschau nach Fotografien der toten Mädchen. Andauernd blieb ich auf den Hochzeitsseiten stecken, bis ich meinen Fehler bemerkte: *Nicht tot, bloß verheiratet.*

Auch wenn über dreißig Jahre zwischen ihnen lagen, so folgten die Artikel aus der *Detroit News* und dem *Hartford Courant* einem ähnlichen Muster. In beiden Blättern reihte sich Sentimentalität à la »Sie hatte so viel Grund zum Leben« an semipornographische Beschreibungen der Gewalt, die jedes der Mädchen erlitten hatte. Der Hauptunterschied lag darin, dass die 1960er-Artikel eine maßvollere Wortwahl verwendeten:

»schänden«, »Studentin« und so weiter, und dass die Berichte zwischen Artikel über den Vietnamkrieg statt über den Irakkrieg geschoben waren.

Wie misst man den Verlust acht junger Frauen?, fragte der *Hartford Courant. Es ist unvorstellbar, was sie aus ihren Leben gemacht hätten – die Berufe, die sie womöglich ausgeübt, die Menschen, die sie geliebt, die Kinder, die sie vielleicht bekommen hätten.*

Ich weiß, dass mich diese Fragen interessieren sollten. Besonders als die Autorin von *Jane*, wo ich mich verrenkt habe, Janes Leben mehr Aufmerksamkeit zu schenken als ihrem Tod. Doch aus irgendeinem Grund möchte ich die Artikel nie weiterlesen. Wie misst man den Verlust von irgendjemandem? Ist Messen ein notwendiger Teil von Trauer? Ist ein Leben weniger betrauerbar, wenn seine Aussichten auf die Zukunft – die hier imaginiert wurden als eine Auswahl an Karriereoptionen und das Potential, Kinder zu kriegen –, wenn sie *nicht* vielversprechend erscheinen? *Die Menschen, die sie geliebt hätten* – das war ganz nett. Doch was war mit den Menschen, die sie bereits geliebt hatten? Oder was, wenn sie überhaupt niemanden geliebt hatten oder niemand sie geliebt hatte?

Genauer gesagt, ich wusste, dass dieses Kerbholz der Trauer, zusammen mit den brutalen physischen Details der Vergewaltigungen und Morde, die Ross begangen hatte, auf mehr abzielen sollte, als einem Tränen in die Augen zu treiben oder Zeitungen zu verkaufen. Es sollte außerdem im Staate Connecticut, und in ganz New England, Werbung machen für die Wiedereinführung der Todesstrafe. In regelmäßigen Abständen wärmte der Kommentarteil die abscheulichsten Aspekte von Ross' Verbrechen auf, nur um die Leserinnen und Leser anschließend sofort zu ermahnen: *Die größte Mehrheit der Bürger dieses Staates und Lan-*

des befürworten weiterhin die Todesstrafe für gewisse Mordarten – soll heißen, für *diese Art*.

Trotz der Tatsache, dass der sogenannte »Blizzard von 05« gerade mehr als einen halben Meter Schnee über der Region Connecticut abgeworfen hatte und darüber hinaus Temperaturen weit unter null sowie Windböen mit Hurrikan-Ausmaßen in der Gegend produzierte, plante ich, an einem Protestmarsch mit Mahnwache vor der Osborn Correctional Institution in Somers, Connecticut, teilzunehmen, wo Ross mitten in der Nacht hingerichtet werden sollte.

Die Hauptorganisatorinnen und -organisatoren des Protestmarsches hatten eine hilfreiche, wenn auch einschüchternde Webseite mit Informationen eingerichtet, auf der alle Möglichkeiten gelistet waren, wie man sich vor Unterkühlung schützen oder sie behandeln könnte. Eine unerschütterliche Aktivistin und Kollegin von mir an der Universität versprach mir, mich in jedem Fall zu begleiten; eine andere Kollegin bat mich, nicht daran teilzunehmen, denn sie beteuerte, dass meine Anwesenheit in keiner Weise am Ablauf der Dinge etwas ändern würde und dass ich mir dort draußen lediglich den Kältetod holen würde. Ich versuchte ihr zu erklären, dass man an einer Mahnwache nicht in der Erwartung teilnehme, eine geplante Maßnahme zu stoppen. Man nimmt teil, um Zeugin dessen zu sein, was der Staat lieber unter dem Deckmantel völliger Dunkelheit vollziehen würde. Und wenn deine Familie einen geliebten Menschen durch ein Gewaltverbrechen verloren hat, dann erhebt man seine Stimme, damit Befürworterinnen der Todesstrafe sich nicht weiterhin auf die Wut und die Trauer der Familien der Opfer berufen können zur Rechtfertigung ihrer Agenda. Ich sage ihr, dass Demonstrantinnen und Demonstranten gegen Gewalt für mich Bodhisattvas seien, »Meisterkriegerinnen« – *nicht Kriegerinnen, die morden und verwunden, sondern Kriegerinnen für Gewaltlosigkeit, die imstande sind, die Rufe der Welt zu hören*, wie es in einem buddhistischen Buch formuliert ist. *Frauen und Männer, die bereit sind, im Zentrum des Feuers zu trainieren … [Frauen und Männer], die sich in heikle Situationen begeben, um Leiden zu lindern.*

Der Autor eines Essays mit dem furchteinflößenden Titel »Der moralische Wert von Strafe«, auf den ich in einem Leitfaden mit dem Titel *Was ist Gerechtigkeit?* stieß, den mir wiederum eine Ethikerin an der Universität ausgeliehen hatte, sieht die Dinge anders:

> Meine eigene Ansicht ist, [eine Verschiebung der Besorgnis vom Opfer zum Täter] geschieht größtenteils aufgrund unseres Unwillens, unserer eigenen Abscheu vor den Gräueltaten ins Gesicht zu sehen, die ein anderer Mensch gewillt war anzurichten. Wir können den Anblick kaum ertragen. … Das Verdrängen von Wut über widerrechtliche Verletzung stellt vielleicht unseren Versuch der Leugnung dar, dass wir in einer Gesellschaft leben, in der wahrhaftig furchterregende und schreckliche Menschen existieren.

Mit Sicherheit empfand ich keinen Unwillen, meiner Abscheu ins Gesicht zu sehen. Manchmal fühlte es sich so an, als wäre dies das Einzige, was ich tat. Doch war das, was ich tat, auch »Verdrängen von Wut über widerrechtliche Verletzung«? Leugnete ich, dass »wir in einer Gesellschaft leben, in der wahrhaftig furchterregende und schreckliche Menschen existieren«?

In jenem Winter kam es nicht zu Ross' Hinrichtung. Ein Bundesrichter drohte, Ross' Verteidiger aus der Anwaltschaft auszuschließen, weil er der Todesbereitschaft seines Klienten nicht mit genügend Skepsis gegenüberstand, und daraufhin beantragte der Anwalt eine neue Anhörung über Ross' Zurechnungsfähigkeit. Die Hinrichtung wurde auf unbestimmte Zeit verschoben.

TO HELL OR BUST

Der lange, trostlose Winter in Middletown zerschmolz endlich ins Frühjahr, und meine Mutter und ich waren unschlüssig, ob wir die gesamte Zeit von Leitermans Prozess im Sommer anwesend sein wollten oder nicht. Es wäre teuer, es würde bedeuten, ganze Wochen an Arbeit abzusagen, es war mehr oder weniger garantiert, dass es auf eine Art und Weise traumatisch werden würde, die unmöglich abzusehen war. Der Bundesstaat hatte angeboten, uns in einem Einzelzimmer in einem Motel unterzubringen, und die Vorstellung, einen Monat lang ein Motelzimmer mit meiner Mutter während eines Mordprozesses zu teilen, klang wie das Szenario für eine makabre Reality-Show. Schlimmer: Für einen Augenblick hatte ich die grässliche Szene aus dem französischen Film *Die Klavierspielerin* vor Augen, in der Isabelle Huppert, die mit ihrer Mutter im selben Bett schläft, die Mutter plötzlich auf eine Art attackiert, dass man nicht sagen kann, ob sie versucht, sie zu vergewaltigen oder zu töten oder beides.

Doch der Gedanke daran, Zeugin zu sein – zu versuchen, mich an diese edlen Kriegerinnen-Bodhisattvas anzunähern, die sich im Feuer stählen –, ließ mich nicht los. Janes Mutter, meine Großmutter, war vor vielen Jahren gestorben, und weder Janes Vater noch Janes Bruder wollten tagein, tagaus ins Gericht gehen. Emily, die mittlerweile wieder zu ihrer Herde zurückgekehrt war und in der Bay Area lebte, wollte kommen, konnte sich allerdings nicht freinehmen. Es wurde klar, dass, wenn meine Mutter und ich nicht teilnähmen, die erste Bankreihe, die für Janes Familie reserviert werden würde, einfach leer bliebe. Das erschien einfach nicht richtig.

Also entschlossen wir uns, zusammen teilzunehmen. Sie würde von Kalifornien einfliegen, und ich würde mit meinem Wagen aus Connecticut kommen, so dass wir keinen Mietwagen bezahlen müssten. Letztendlich wird ihre Kusine Jill, die in Laufnähe vom Gerichtsgebäude entfernt lebt, uns freundlicherweise anbieten, sie würde für einen Monat bei ihrem Freund wohnen und uns das Haus überlassen, so dass wir nicht in einem Motel übernachten müssten. Emily sagt, sie werde versuchen zur Urteilsverkündung einzufliegen.

Um sechs Uhr am Morgen des 10. Juli 2005, unmittelbar vor der Auswahl der Geschworenen, als ich gerade ins Auto stieg, um die zwölf Stunden von Middletown nach Michigan zu fahren, wirkte dieser Plan falsch. Einfacher gesagt: In der Zwischenzeit hatte ich Herzbruch erlitten. Als der Winter zum Frühling wurde, der Frühling zum Sommer, verlor ich den Mann, den ich liebte. Ich fiel aus einer Geschichte heraus oder war schon aus einer Geschichte herausgefallen, aus der Geschichte einer Liebe, die ich zu heftig besitzen wollte. Vermutlich viel zu heftig. Und der Schmerz des Verlusts hatte mich verstört.

Aus einer Geschichte zu fallen schmerzt. Doch es ist nichts verglichen mit dem eigentlichen Verlust einer Person, dem Verlust all der Lichtpunkte, aus denen diese Person zusammengesetzt ist. All die aufflammenden, strahlenden Fragmente, die eine Affäre ausmachen, oder eine Liebe. Nach einem Treuebruch verbringst du deine Zeit damit, jedes dieser Fragmente vor ein neues Licht zu halten und sie dort zu drehen und zu wenden und zu schauen, wie aus jedem ein ungewollter Schatten entwächst. So lebte ich.

Im Mai befand ich mich auf einer Lesereise zu *Jane* durch die Südstaaten, und als ich an die Ostküste zurückkam, war ich voller Aufregung, ihn wiederzusehen. Als er meine Anrufe nicht entgegennahm, fragte ich mich, ob ich seine Arbeitszeiten durcheinandergebracht hatte, denn seine Tage waren äußerst hektisch und ausgedehnt. Mit großen Unbehagen, das durchsetzt war mit Scham, tippte ich seinen Namen und das Datum in Google ein. Ich hasste mich dafür, noch bevor ich überhaupt auf »Google-Suche« klickte.

Sofort erschien ein Blog, der berichtete, dass diese Person bei einem Event gesehen worden war – mit seiner Freundin, die scheinbar ein Filmstar war. *Sie ist viel kleiner und viel hübscher als im Film*, schwärmte der Blog. *Und ganz bodenständig.*

Für mich waren das Neuigkeiten. In der virtuellen Welt waren es allerdings keine, ganz zu schweigen vom »echten« Leben. Kurz darauf würde ich herausfinden, dass es noch nicht einmal für einige meiner besten Freundinnen und Freunde Neuigkeiten waren.

Ich hatte diesen Mann zwei Jahre zuvor kennengelernt, exakt neun Tage nachdem mein langjähriger Freund und ich in unsere erste gemeinsame Wohnung gezogen waren. Ich hatte bis dahin noch mit niemandem zusammengelebt, und ich empfand eine heftige Beklommenheit – so sehr, dass ich, als wir unseren Umzug vorbereiteten, überzeugt war, das undichte Loft, das wir in Kürze zusammen bewohnen würden, sei voll toxischem Staub, der mich umbringen würde. Dieser Gedanke war nicht vollkommener Irrsinn – das Loft befand sich unmittelbar oberhalb des Gowanuskanals in Brooklyn, einer bekanntermaßen stark verschmutzten Wasserstraße, von der es heißt, sie würde lebende Hepatitisviren transportieren. Es war ein industrielles Loft und offiziell nicht als Wohnraum zugelassen, mit einem angrenzenden Parkplatz für Öl-Laster, die stetig einen dichten, schwarzen Ruß ausstießen, der sich innerhalb einer Woche nach dem Auspacken auf all meinen Büchern und meinem Geschirr abgesetzt hatte. Nach dem Einzug bekam die Katze meines Freundes zahlreiche Zysten und versteckte sich auf einem Schrank; meine Katze jaulte die ganze Nacht und pinkelte ständig auf die wertvollsten Habseligkeiten meines Freundes. Wir beide bekamen Probleme mit unseren Lungen, was wir »den Kanal-Husten« nannten. Unser »Kanal-Husten« zeigte sich immer dann, wenn der Wind drehte und Partikel aus der in der Nähe gelegenen Zementfabrik in unsere Richtung blies. In der Nacht war es totenstill; sobald man irgendwelche Geräusche hörte, wusste man, dass es Probleme gab. Die Gegend Gowanus ist eine Endstation, und das schon seit über einem Jahrhundert – die Heimat von Prostituierten und Freiern, die aus ihren unheimlichen Uferlöchern zu kriechen scheinen wie Moos-Menschen, und es war ein berüchtigter Ort zum Beseitigen von Leichen, Abfall und Autos. Polizisten lachen, wenn ein Verdächtiger, den sie jagen, in den Kanal springt, um abzuhauen – sie wissen, dass er innerhalb weniger Tage, vom Wasser erkrankt, im Krankenhaus landen wird.

Ich hielt es 41 Tage in dem Loft aus, wie Noah. Mein Auszug war grausam, sagte mein Freund. Mehr noch als grausam: sadistisch. Ich stimmte ihm zu, aber ich war nicht der Meinung, dass ich eine Wahl gehabt hätte. Ich hatte mich überstürzt in diesen anderen Mann verliebt – ein Verlieben von der Art, dass sich alles, was du davor getan hast, augenblicklich als unhaltbar anfühlt. Die Art, die auf dich zustürzt wie ein entgleister Zug – alles, was du tun kannst, ist stillzuhalten und auf den Zusammenstoß zu warten und anschließend in den Trümmern herumzutorkeln, noch viel zu benommen, um dich zu fragen, wo die Schuld lag, was der Grund war.

In meiner letzten Nacht im Gowanus-Loft fragte mich mein Freund, ob er mich beim Ficken mit einem Seidenstrumpf würgen könne. Ich willigte ein; ich holte den Strumpf sogar selbst aus meiner Schublade. Ich hatte immer schon eine erotische Vorliebe für die Atemkontrolle. Es fühlt sich gut an, für einen kurzen Moment, bevor man kommt, keine Luft zu bekommen, so dass man, wenn man endlich zusammen kommt und wieder atmet, einen unglaublichen Kick bekommt: Die Welt schießt in einer Flut aus Farbe, Luft und Lust in dich zurück.

Ich wusste nicht, dass er an diesem Tag mein Tagebuch gelesen und dadurch herausgefunden hatte, dass ich mich in jemand anderen verliebt hatte, dass ich mit jemand anderem geschlafen hatte. Ich hatte ihm lediglich gesagt, dass ich gehen werde. Beim Sex hatte ich plötzlich den Verdacht, er wisse mehr, als ich ihm erzählt hatte. Der Verdacht kam auf, als ich entgeistert sagte: *Genauso ist Jane gestorben,* woraufhin er, ohne einen Moment zu zögern, sagte: *Ich weiß.*

Lange davor hatte ich einmal einen Freund gehabt, der als Schweißer arbeitete. Als Geschenk machte er für mich einmal das allerschönste Objekt, das ich besitze. Es ist ein handflächengroßes Kästchen aus Plexiglas mit mehreren Schichten von blaugrünem Glas darin. Das Kästchen, erklärte er mir einmal, sei die Liebe. Sie ist das Gefäß, das all das Zerbrechen beinhalten und zu etwas Schönem verwandeln kann. Besonders, wenn man es ans Licht hält.

Das ist es, was die Liebe für mich sein sollte.

Ich wünschte, ich könnte sagen, dass ich wegen des Mannes, in den ich mich verliebt hatte, aus dem Loft ausgezogen war – und das wäre ich auch, aber so war unsere Geschichte nicht. Doch ich hatte Hoffnung, eine verbissene, abergläubische Hoffnung, die unsere Affäre über die nächsten zwei Jahre aufrechterhielt. Bis zu dem Blog über den Filmstar.

Doch wenn ich ehrlich wäre oder wenn ich zumindest gegen die Grenzen meiner Ehrlichkeit anrennen würde, müsste ich zugeben, dass ich ganz genau wusste, wie diese Liebe enden würde, schon von dem Moment an, als sie begann. Der Verlust war wahrscheinlich, bevor er möglich wurde.

Vielleicht war er sogar schon wirklich, bevor er möglich wurde. Warum sonst jagte ich seinen Namen durch Google und wurde dabei zu jemandem, den ich verachtete? Das Ende der Geschichte war von Anfang an klar. Es war mir einfach egal. So geht es Menschen, die lieben, in den meisten Fällen. Und wie die meisten Menschen, die lieben, oder vielleicht wie die meisten Schreibenden, die lieben, dachte ich, wenn ich die Geschichte weiterhin korrekt formulieren könnte, wenn ich die richtigen Worte finden könnte, um sie zu beheimaten, könnte ich sie vielleicht ändern.

Doch natürlich war ich nicht ihre alleinige Autorin.

Einige Tage vor Prozessbeginn besuche ich einen Bekannten und seine Frau in Cape Cod in der Hoffnung, dass ich anfangen kann, etwas zu essen, mich menschlich zu fühlen und wieder in die Spur zurückzugelangen. Ich verbringe die gesamte Zeit meines Besuches damit, unkontrolliert zu heulen. Als sie mich den vierten Tag in Folge in ihrem Gästezimmer schluchzen hört, hat die Frau meines Bekannten Mitleid mit mir, kommt auf Zehenspitzen in mein Zimmer geschlichen und reicht mir eine Handvoll Ambien. Nachdem ich am darauffolgenden Tag am Strand beinahe ohnmächtig geworden bin, keift mich mein Bekannter wütend an: *Du kannst nicht allein von Zigaretten und Kummer leben, weißt du?*

Ich habe langsam das ungute Gefühl, dass ich meinen Freunden überdrüssig werde. Ich werde mir auch selbst überdrüssig.

Auch werde ich mir schmerzhaft der Tatsache bewusst, dass ich keine »Meisterkriegerin« bin und niemals eine gewesen war. Nicht mal annähernd. Anstatt zu hoffen, das Leiden meiner Mutter während des Prozesses zu lindern, mich im Feuer zu stählen oder auf irgendeine Weise ehrenvoll Zeugnis für Jane abzulegen, hoffe ich jetzt einfach nur, am Leben zu bleiben.

Denn an irgendeinem Punkt während dieser Zeit hat sich die Sache gedreht.

Der Wirrwarr von Mordgemüt glitt über in den Wirrwarr von Selbstmordgemüt. Ich sah es mit an, als passiere es jemand anderem.

Bleibe neugierig, rieten die Buddhisten. Ich versuchte es.

Ich beobachtete mein Selbstmordgemüt auf interessierte und panische Weise, versuchte, es mir als eine abgehackte Diashow zu denken, einen Horrorfilm, der hinter meinen Augen flimmert, eine Vorstellung, die ich ansehen oder auch jederzeit verlassen könnte. (Wohin ich danach gehen würde, kann ich nicht sagen.)

Die einzige Person, mit der ich jemals länger über das Selbstmordgemüt diskutiert hatte, war mein Junkie-Freund, vor vielen Jahren. Oder besser gesagt, wir diskutierten seine Selbstmordgedanken, die, soweit ich es beurteilen konnte, am ehesten einem Diorama glichen. In seinen Vorstellungen war immer eine Art Tableau involviert, eine Szene, die zufällig von jemand anderem gesehen wird. Die Tür fliegt auf, der Mund steht offen, eine Schockwelle bricht durch die Luft, eine neue Schadenswelle bricht ein – keine Coda, sondern eine Reprise, ein Sprung im Song, ein Kratzer, der nicht zu glätten ist, ganz gleich wie oft man die Platte spielt. *The song remains the same.* Die zwei Szenen, die ihm am häufigsten in den Kopf kamen, waren erstens das Bild seines Körpers, der an einem Strang in der Mitte seines Schlafzimmers in seinem besetzten viktorianischen Haus auf Staten Island hing, und Schnee blies vom Hafen durch die geöffneten Fenster ins Zimmer; und zweitens das Bild seines Körpers, der nach einer Überdosis zusammengesackt auf seinem Schreibtisch liegt, neben ihm seine »Werke« – darunter sein großer, unabgeschlossener Roman *Kropf*, eine joyceanische, kaum fiktionalisierte Darstellung der Geisteskrankheit seiner Mutter und ihres Kropfes – beides Dinge, die, von dem, was ich selbst beobachtet hatte, ein großes Maß an Grausamkeit enthielten.

Diese Tableaus hatten für mich keinen Reiz. Sie schienen von einem traumatisierten beobachtenden Subjekt abhängig, eine Abhängigkeit, die mir schwach erschien, sadistisch. Alles in allem narzisstisch in ihrer Theatralik und ein bisschen albern.

Mein Suizidgemüt beinhaltete – oder beinhaltet – kein Vorher und kein Hinterher, keine aufgestoßenen Türen, keinen Schmerz, der anderen widerfahren wird, und keinen – paradoxerweise –, der mir widerfährt. Nur eine einzige Geste – eine unvergebbare, unumkehrbare Handlung, die meinen Körper (sauber und simpel) von der Zeit und dem Geist abspaltet.

Als ich die letzten Vorbereitungen traf, bevor ich für den Prozess abreiste, hatte ich manchmal das Gefühl, dass der Schmerz über diesen Verlust mich zu einer Art von Erleuchtung hinführte – als begriffe ich durch ihn endlich, dass unsere Gedanken, unsere Emotionen, unsere gesamten Leben im Wesentlichen Illusionen sind, ein langer, reicher, wechselvoller Traum, aus dem unser Tod uns aufweckt.

Denn wer sein Leben erhalten will, der wird's verlieren; wer aber sein Leben verliert um meinetwillen, der wird's finden. Auch eine rote Stelle.

Diese Gedankenbewegung schien mir erstrebenswerter als die andere Variante: dass ich gerade in einen zusammenhanglosen, verzweifelten Nebel abglitt, den jede westliche Psychiaterin sofort mit Medikamenten zu lichten versuchen würde.

Eine Heilung kommt nur dann zustande, wenn die Patientin an den ursprünglichen Zustand des Zusammenbruchs zurückreicht, schrieb Winnicott. An den ursprünglichen Zustand *zurückreicht*, nicht ihn *er*reicht: ein bedeutender Unterschied. Ich habe nicht die geringste Ahnung, wie es irgendjemandem gelingt.

Was ich weiß, ist dies (und hier spreche ich selbstverständlich nur für mich): Es gibt keinen rettenden Gedanken (*bedenke, wie deine ________ sich fühlen wird; schätze dich glücklich; morgen ist ein neuer Tag;* und so weiter), der einen letztlich ertragen lässt, keine Zeile eines Gedichts, kein heiliges Buch, keine Hotline, nichts außer der dünnsten Membran, *einer heimlich geflüsterten Doktrin, daß wir Menschen wie in einer Feste sind und man sich aus dieser nicht selbst losmachen und davongehen dürfte.*

[D]as erscheint mir doch als eine gewichtige Rede und gar nicht leicht zu durchschauen, sagt Sokrates von dieser Doktrin, kurz bevor er aus dem Schierlingsbecher trinkt, der seinen Tod bedeuten wird – ein Tod, über den zweitausend Jahre später noch immer Wissenschaftlerinnen und Wissenschaftler debattieren, ob er als Suizid bezeichnet werden kann oder soll.

Während des Monats, den ich in Ann Arbor verbringe, werde ich Briefe an den Mann, den ich liebte, schreiben, jeden Morgen, auf meinem gelben Block, einem Legal Pad, bevor meine Mutter aufwacht, Briefe, in denen ich ihm schreibe, wie sehr er mir fehlt, wie sehr er meinem Körper fehlt. Ich werde ihm von dem Prozess erzählen, zu dem er sagte, er würde mich begleiten. Ich werde jede der Autopsie-Fotografien ganz genau beschreiben in der Überzeugung, dass nur er ihre Last, ihr Grauen begreifen kann. Obwohl ich ihm gesagt habe, ich möchte für den Rest meines Lebens nie wieder etwas von ihm hören, checke ich jeden Abend meine E-Mails auf Jills Computer, um zu sehen, ob er geschrieben hat.

Er schreibt tatsächlich, einmal. Er schreibt, dass unsere Trennung ihm kein Glück gebracht hat, dass er aber der Meinung ist, sie sei ein wichtiger Teil der Reise, »der Reise ans Licht«. Ich habe keine Ahnung, von welcher Reise, von welchem Licht er redet. Ich habe mich noch nie so verloren gefühlt, noch nie solche Dunkelheit gefühlt. Vielleicht redet er von seiner Reise, seinem Licht. Ich begreife langsam, dass wir beides nicht länger teilen.

Jeden Morgen vor der Verhandlung und jeden Abend danach werde ich lange duschen, weil die Dusche der einzige Ort ist, an dem ich nur für mich bin. In der Duschkabine werde ich mich hinknien und weinen, das Wasser über meinen Körper fließen lassen, dafür beten, nicht noch mehr leiden zu müssen, als ich es schon tue, dafür beten, dass sich dieser Verlust, dass sich diese gesamte Zeit über mich hinwegbewegt, durch mich hindurchbewegt, wie ein dunkler Sturm, der sich über eine weite Ebene schiebt. Eine weite Ebene, die im Wesentlichen meine Seele ist. Eine Seele, die weder hell noch dunkel ist, weder ganz allein noch ganz bei einem anderen Menschen ist, ganz bestimmt nicht bei Gott, einfach flach, offen, unvergänglich und frei. Zusammengekauert in einem nassen Bündel auf dem Fliesenboden, werde ich mich sagen hören: *Etwas in mir ist gerade dabei, zu sterben.* Ich weiß nicht mehr, mit wem ich rede.

Foto #4:
Erneut Jane auf der Metallbahre, der metallische Glanz unter ihrem Hals und Gesicht. Eine Frontale, vom Brustbein aufwärts, ein rotes Lineal unter ihrem Kinn, als ob das Foto einen Maßstab bräuchte. Als ob sie eine unrealistische Zwergin wäre oder eine Besucherin von einem Planeten mit anderen Größenverhältnissen anstatt eine tote Frau auf einer Metallbahre. Ihre Gesichtszüge sehen durcheinandergewürfelt aus – eher zusammengestückelt wie ein Puzzle als ein Gesicht, das

rote Lineal unter ihrem Kinn wie ein vergeblicher Versuch, ihren Körper zu ordnen. Ihre Augen sind geschlossen, und der Bereich über ihnen, von Augenlid zu Augenbraue, ist leuchtend blau. Es sieht aus wie ein greller Lidschatten, doch der Gerichtsmediziner erklärt, dass das Blau eigentlich Blut ist, das sich unter der Haut angesammelt hat. Die Farbe ist so intensiv, weil die Haut an dieser Stelle unseres Körpers ungefähr so dünn ist wie ein Kleenex.

Abgesehen von dem seltsamen blauen Glanz, dem geronnenen Blut und dem roten Lineal sieht Jane hier genauso aus wie meine Mutter. Genauer gesagt, ihre Nasenlöcher *sehen genauso aus wie die meiner Mutter – die gleichen zwei schmalen Wassermelonenkerne. Das hätte das Schicksal meiner Mutter gewesen sein können, wie sie es seit Jahren befürchtete. Es könnte das Schicksal jedes Menschen sein.*

Einmal fragte ich mich, wie sie wissen konnten, dass Jane erschossen wurde, bevor sie erdrosselt wurde. Jetzt weiß ich es. Es hängt mit zwei verschiedenen Blautönen zusammen. Wenn sie an Erstickung gestorben wäre, hätte ihr gesamtes Gesicht eine bläuliche Farbe getragen, eine Farbe, die der Gerichtsmediziner »unverkennbar« nennt. Hier ist das einzige Blau allerdings das blaue Blut über ihren Augen. Wenn sie zuerst erdrosselt worden wäre, hätte der Strumpf wie ein Druckverband gewirkt, und dieses Blut wäre nicht in der Lage gewesen, sich zu ihrem Gesicht zu bewegen. Der Gerichtsmediziner erklärt, dass die Kraft der Kugeln, die in Janes Schädel gefeuert wurden, ihre Orbitalknochen zertrümmerten – die knöchernen Höhlen, in denen unsere Augen gehalten werden –, und das Blau ist all das Blut, das sich um die Verletzung herum ansammelte.

Ich bin mir nicht sicher, aber dieses Foto ist vielleicht das schlimmste von allen. Es hängt davon ab, was man unter dem Schlimmsten *versteht. Das Foto zeigt, wie eilig der Körper es hat, sich selbst zu heilen, auch wenn er gerade dabei ist zu sterben.*

SYBARIS

Wir, meine Mutter und ich, hatten uns, bevor wir uns in Michigan trafen, gegenseitig davon überzeugt, dass unsere Zeit in Ann Arbor vielleicht so etwas wie eine Auszeit sein könnte. Sie malte sich einen Monat Ruhe von der Arbeit aus, viel Zeit zum Denken und Lesen, frühmorgendliche Spaziergänge, entspannte Abendessen, sie wollte vielleicht sogar endlich mit einem der Schreibprojekte anfangen, von denen sie immer geträumt hatte. Ich malte mir den Monat aus als eine Zeit, um Abstand zu gewinnen oder zumindest Ablenkung zu bekommen, von meinem Liebeskummer, um ein örtliches Schwimmbad zu finden, in dem ich meine Bahnen ziehen könnte, und mit dem Rauchen aufzuhören, besonders um nicht das Urteil meiner Mutter ertragen zu müssen.

Nach dem ersten Tag der Geschworenenauswahl erkennen wir unsere Torheit. Jeden Tag nach der Verhandlung werden wir die Main Street nach Hause stolpern und uns fühlen, als hätte man uns einen Schlag mit einem Holzbrett verpasst. Jeden Abend wird es zu heiß sein, um zu kochen oder zu schlafen. Jeden Morgen müssen wir für die Verhandlung spätestens um sieben aus dem Haus gehen und werden nicht vor sechs Uhr abends zurückkehren, und so sind wir beinahe ununterbrochen zusammen. Einander »aus dem Weg gehen« bedeutet, den Weg zum Gericht oder vom Gericht zurück nach Hause mit einem Block Abstand zurückzulegen oder schlafen zu gehen.

Lassen Sie mich erklären, sagt der erste potentielle Geschworene, der bei der Vorvernehmung befragt wird. Er ist italienischer Abstammung, um die sechzig, gebräunt, trägt Birkenstocks und hat eine Glatze, bis auf einen Pferdeschwanz, buschig wie der Schwanz eines Eichhörnchens. *Ich bin Künstler. Ich habe das Herz, die Seele eines Künstlers. Das heißt, dass es in meiner Welt keine Verbrecher gibt. In meiner Welt gibt es keine Verbrechen. In meiner Welt* – beglückt schließt er seine Augen, in Ansprache an eine imaginäre Landschaft – *ist alles wunderschön.*

Der Richter sieht verärgert aus. *Für den Fall, dass Sie für diese Jury ausgewählt werden, könnten Sie sich damit arrangieren, jetzt und mit dem Rest von uns in* dieser *Welt zu leben?*

Der Künstler schüttelt den Kopf. *Tut mir leid, aber das kann ich nicht. Ich kann nicht in Ihrer Welt leben.*

Es gelingt mir nicht, mit dem Rauchen aufzuhören, und meine Mutter will mit mir zusammen rauchen. Sie beschwert sich allerdings, dass meine Zigaretten zu stark sind, und so gehe ich dazu über, Ultra Lights für sie zu kaufen und für mich selbst einfach die Filter abzubrechen. Wenn ich schon rauche, werde ich nicht versuchen, Wasser aus einem Felsen zu saugen.

Für eine Weile während dieser Zeit findet ein Sommerfest auf der Main Street statt, das Ann Arbor Arts Festival. Meine Mutter und ich hatten von diesem Fest schon gehört, bevor es begonnen hatte, und hatten gedacht, es könne uns vielleicht etwas Erholung bringen, sogar etwas Vergnügen. Aber jeden Abend aus dem unerbittlichen Gerichtsgebäude ausgespuckt zu werden und sich in einem geschäftigen, fröhlichen Mekka von Corndog-Ständen, schlechter Landschaftsmalerei und Glasurkeramik wiederzufinden gibt uns das Gefühl, in einem Fellini-Film gefangen zu sein.

Während der Vorvernehmung fordert der Richter alle potentiellen Geschworenen dazu auf, zu schwören, dass sie, selbst wenn sie regelmäßig *CSI*, *Law & Order*, *Cold Case* oder irgendeine andere Fernsehsendung über Forensik und Strafrecht schauen, trotz allem doch in der Lage sind, einen klaren Unterschied zu ziehen zwischen Fernsehen – auch dem Reality TV – und der Realität, in die wir derzeit vermutlich verstrickt sind. Eine der potentiellen Geschworenen, mit mehreren kleinen Kindern, sagt, dass das kein Problem für sie darstellen wird, weil sie meistens das Cartoon Network ansieht; der Richter scherzt, dass ein Nachmittag, der mit dem Cartoon Network verbracht wird, genauso viele oder mehr Informationen über die Strafjustiz liefert wie eine ganze Staffel von *Law & Order*.

Nach und nach beschwört jedes Mitglied der Jury, so wahr ihnen Gott helfe, die Fähigkeit, unterscheiden zu können zwischen Dramatisierung und Wirklichkeit, zwischen Fakt und Fiktion. Das erscheint mir vollkommen unaufrichtig. Andererseits, wer wird schon im Geschworenenstand sitzen und sagen: *Euer Ehren, eigentlich muss ich es zugeben: Ich kann zwischen Repräsentation und Realität nicht mehr unterscheiden. Es tut mir sehr leid.*

Während der ersten drei Tage des Prozesses kommen meine Mutter und ich ins Gerichtsgebäude und treiben durch ein Meer aus stämmigen, älteren Männern. Pensionierte Cops, Detectives, Krankenwagenfahrer und Gerichtsmediziner, die darauf warten, in unserem Fall auszusagen, blockieren die Korridore, schlendern, gestützt auf ihre Gehstöcke, gemächlich umher, begrüßen einander mit Schulterklopfen, als wären sie auf einem Klassentreffen. Jeder dieser Körper wirkt wie in eine Staatsuniform hineingepresst und verströmt eine verblasste, patrizierhafte Erhabenheit. Einige der Gesichter sind verzerrt von den Folgen von Schlaganfällen. Viele sprechen undeutlich und bewegen sich entweder auf die Gehörlosigkeit zu oder sind bereits dort angekommen.

Ich höre wirklich kein Wort von dem, was sie sagen, seufzt der mittlerweile greise Leichenwagenfahrer, der Janes Leiche am Nachmittag des 21. März 1969 transportierte. *Alles, was ich weiß, ist, dass ich wie immer zum Tatort gekommen bin und sie eingeladen habe.*

Drei volle Tage, acht Stunden am Tag, Dutzende von Zeugen, keine Frauen. Nur zwei Anwälte, der Richter, ein Klüngel männlicher Detectives und eine Parade männlicher Pensionäre, die von ihrem Kontakt mit Janes Leiche berichten, während sie sich auf Fotografien berufen, auf die sie vom Zeugenstand aus mit kleinen Laserpointern zeigen. Nancy Grow wird erneut vorgeladen, doch sie erscheint nicht. Ihr Arzt hat ein Attest geschickt, das darlegt, der Stress einer nochmaligen Aussage zu diesem Fall sei lebensgefährlich für ihre Gesundheit. An ihrer Stelle zeigt Hiller der Jury eine digitale Aufzeichnung ihrer Aussage vom Januar. Die Qualität des Filmmaterials ist schlecht – Grow flackert durchs Bild und schaut noch gequälter aus, als sie es in Wirklichkeit tat. Sogar noch irritierender ist das Auftauchen meiner Familie in dieser Aufzeichnung, wie wir alle ins Bild kommen, wann immer die Kamera zu unserer Bank rüberschwenkt. Wir sehen schrecklich aus – erschöpft, schockiert, weinerlich –, ein Spiegelbild unseres heutigen Zustands, nur dass sich die Besetzung ausgedünnt hat und wir nicht länger in Winterkleidung dasitzen.

Und so erzählt Grow erneut ihre Geschichte. Dieselbe blutverschmierte Tasche, dasselbe *Vielleicht ist es eine Schaufensterpuppe,* dieselben Hausschuhe und dasselbe Nachthemd, dasselbe Schreien, dieselbe Scham, und diesmal ähnelt ihre körnige, sepiafarbene Figur jener von Prinzessin Leias Hologramm in *Krieg der Sterne,* wie sie zum wiederholten Mal ersucht: *Helft mir, Obi-Wan Kenobi, Ihr seid meine letzte Hoffnung.*

In der Regel schläft meine Mutter schlecht. Wenn ich bei Jill zu Hause ins Bett gegangen bin, höre ich sie im Haus wie einen Geist herumflattern. In guten Nächten telefoniert sie aufgeregt übers Handy mit ihrem neuen Partner; in schlechten Nächten trinkt sie Wein, bis die Flasche leer ist, und sucht dann nach mehr, mehr von irgendetwas, sitzt in der dunklen Küche und trinkt Kahlúa.

Doch im Vergleich zu meiner Verfassung und in Anbetracht der Tatsache, was sie durchgemacht hat, geht es ihr ganz gut. Vor ein paar Jahren, nach etwas über zwanzig Jahren Ehe, wurde sie von ihrem Ehemann, dem Anstreicher, verlassen, urplötzlich und auf unfaire Weise. Sein Gehen, gepaart mit dem Scheidungskrieg, der folgte, stürzte sie kopfüber in Einsamkeit und Verzweiflung. Ihre Angst davor, zum ersten Mal in ihrem Leben allein zu sein, war ganz konkret: Sie konnte beispielsweise kaum zum Lebensmittelgeschäft gehen, da sie glaubte, fremde Menschen würden sie dafür bemitleiden, dass sie Einzelportionen kaufte.

Zu Beginn dieser Phase versuchte ich ihr zu helfen, indem ich nach Kalifornien flog, um mich mit ihr und ihrer Scheidungsanwältin zu treffen, die Sachen meines Stiefvaters aus Zimmern zu entfernen, deren Betreten für sie zu schmerzhaft war. Eines Nachmittags allerdings, während ich gerade seinen begehbaren Kleiderschrank mit Desinfektionsmittel ausschrubbte, wie sie mich angewiesen hatte, verlor ich die Fassung. Wir waren schon einmal an diesem Punkt angelangt. Zwanzig Jahre zuvor hatten meine Mutter und ich einen Nachmittag damit verbracht, den Schrank meines Vaters zu putzen. Ein paar Wochen nach seinem Tod bereiteten wir sein Haus zum Verkauf vor. Die gleichen Umzugskartons, der gleiche Zylinder Ajax. Die gleiche dumpfe Manie im Angesicht des Zurückgelassenseins. *Nur wir Hühner.*

Ich war damals mitgegangen, da ich vermutete, es gäbe Dinge meines Vaters, die ich behalten wollte, und die gab es. Auch wollte ich tapfer erscheinen. Mehr als das, ich wollte tapfer *sein*, obwohl ich keine Ahnung hatte, was das mit sich bringen würde. Allein, mein Stiefvater war nicht gestorben, er war bloß abgehauen, ohne sich zu verabschieden, und ich wollte ihm nicht den Gefallen tun, mich mit seinem Kram zu beschäftigen. Auf jeden Fall wollte ich nichts davon behalten.

Je bedürftiger meine Mutter wurde, desto weniger konnte ich ihr helfen. Ihr gewohnter Ausdruck von Zuneigung – *Weißt du denn gar nicht, dass ich dich mehr liebe als das Leben selbst?* – klang mittlerweile wie eine suizidale Drohung. Jedes Mal, wenn ich in Kalifornien war, schwor ich mir während des Fluges zurück nach New York, dass ich nie, niemals mehr einen Fuß in diesen Staat setzen würde. Ich stellte meine Besuche ein, stellte meine Anrufe ein. Ich überließ meiner Schwester die ganze Bürde. Da sie während der vielen Jahre, die ich zu Hause gelebt hatte, größtenteils abwesend gewesen war, sagte ich mir, jetzt sei sie an der Reihe.

Und sie machte ihre Sache gut. Über die Jahre hatte Emily offenbar unendliche Reserven an Geduld und Mitgefühl entwickelt. Nach ihren zwei Jahren, die sie mit Holzhacken in Idaho verbracht hatte, ging sie aufs College, in der Phi-Beta-Kappa-Studentinnenverbindung, und machte ihren Abschluss in Women's studies. Sie zog zurück nach San Francisco, kaufte mit ihrer langjährigen Freundin ein kleines Haus und arbeitete bald für eine Reihe von Non-Profit-Organisationen – Planned Parenthood, das Bay Area Labor Council. Es war, als wäre all ihre Wut und Aufsässigkeit durch den Fleischwolf des Erwachsenseins gedreht worden und auf der anderen Seite wieder herausgekommen als politische Überzeugung, Loyalität und Liebenswürdigkeit. Umso mehr beneidete ich sie dafür. Nach Jahren, in denen ich mich wie die pflichtbewusste Tochter gefühlt hatte, fühlte ich mich jetzt wie ein riesiges Arschloch. Offensichtlich hatte ich die winzige Gelegenheit verpasst, schlechtes Verhalten als etwas Glamouröses oder Legendäres erscheinen zu lassen. Wenn du erwachsen bist und dich schlecht verhältst, lässt du die Menschen einfach im Stich.

Doch keine Distanz oder Stille konnte die Anziehungskraft meiner Mutter von der anderen Küste in dreitausend Meilen Entfernung auch nur annähernd mildern. Ich fühlte sie täglich so stark, als wären wir beide an den jeweils anderen Enden eines langen Balkens gesetzt worden. Jede Nacht wusste ich, dass wir gerade jeder für uns Abendessen zubereiteten, Radio hörten, uns eine Flasche Wein gönnten. Ich wusste, dass wir beide an die jeweils andere dachten, beide unsere geteilten Vorräte an Ängsten und Sorgen durchkauten, beide von unseren Karrieren des Unterrichtens, des Lesens und Schreibens am Leben gehalten wurden – oder es zumindest hofften.

Und jetzt befanden wir uns wieder hier in Michigan, gingen tagein, tagaus in den Gerichtssaal und wieder heraus, jede von uns mit einem Legal Pad unterm Arm. Während des Prozesses machen wir überschwänglich Notizen, und das tat auch Solly, Leitermans Frau. Meine Mutter und ich unterhalten uns nie mit Solly, doch wir halten uns mit ruhiger Höflichkeit gegenseitig die Türen auf, vielleicht in stillschweigender Anerkennung der Tatsache, dass wir uns bewusst sind, die Situation des jeweiligen anderen hier ist nur eine abgewandelte Ausformung der Hölle. Jeden Morgen schicken wir drei unsere Legal Pads durch das Röntgengerät des Gerichts, wo der Sicherheitsbeamte, der irgendwie davon Wind bekam, dass ich ein Buch über Jane geschrieben hatte, mich täglich als »die Autorin« begrüßt.

Ich hatte seit Jahren nicht mehr auf einem Legal Pad geschrieben. Jetzt erinnerte ich mich allerdings, dass ich vor vielen Jahren auf einem der länglichen Legal Pads meines Vaters mit dem Schreiben begonnen hatte. Nach der Scheidung meiner Eltern musste mein Vater an manchen Nachmittagen auf Emily und mich aufpassen, obwohl er auf der Arbeit zu tun hatte, und so nahm er uns dann mit »ins Büro« – eine Anwaltskanzlei in der obersten Etage eines herrlichen Wolkenkratzers in Downtown San Francisco. Als wir oben waren, gab er mir, um mich zu beschäftigen, ein Legal Pad und einen Stift. Auf diese Weise konnte ich spielen, dass auch ich hart arbeitete. Mein Job war es, alles aufzuschreiben, was im Raum vor sich ging – das hektische Hinundhergehen meines Vaters, sein wildes Gestikulieren am Telefon, Treffen mit Kollegen, Emilys nerviges Verhalten, der Ausblick auf den schiefergrauen Hafen unter uns.

Am Ende meines Arbeitstages gab ich meine Legal Pads immer an meinen Vater zur Durchsicht weiter. Er fand sie brillant. Damals, zu jener Zeit, als man gedankenlos noch seine Sekretärinnen für die unpassendsten Aufgaben benutzte, bat er seine Sekretärin, die Notizen abzutippen, so dass sie »offizieller« aussähen – eine lange Geschichte, episodisch erzählt und betitelt *Ein Tag im Büro.*

Als ich etwa neun war, schwang dieser Hang zur Reportage um in eine Obsession mit einem Kassettenrekorder, den ich verwendete, um etwa ein Jahr lang heimlich die Unterhaltungen von meiner Familie und meinen Freunden aufzunehmen. Dies war noch vor dem Anbeginn des Miniaturzeitalters, dem Zeitalter des iPod, und mein Kassettenrekorder war ein Mammut, das ungefähr die Größe eines tragbaren Schallplattenspielers hatte. Ich musste den Rekorder in einige Decken oder Jacken einwickeln, damit er »unsichtbar« wurde.

Meine erfolgreichste geheime Aufnahme aus dieser Zeit war die von einer Konversation im Auto, als mein Vater mich, meine beste Freundin, Jeanne, Emily und ihre beste Freundin, China, zu einer Eisbahn fährt. An einer Stelle auf dem Band fahren wir an einem Auto vorbei, das von der Polizei angehalten wurde. *Die Bullen sind heute aber fleißig,* sagt mein Vater. Vom Rücksitz aus warnt die elfjährige China, dass man bei den Bullen vorsichtig sein muss. Sie erzählt, sie habe kürzlich eine Geschichte gehört, wie eine Gruppe von Polizisten auf eine Frau stießen, die gerade vergewaltigt wurde, und anstatt die Vergewaltigung zu stoppen, haben sie mitgeholfen.

Sie haben geholfen, sie zu vergewaltigen, stellt China klar.

Wer hat dir das erzählt? Deine Mutter?, fragt mein Vater.

Chinas Mutter war Grace Slick von Jefferson Airplane, die zu jener Zeit Jefferson Starship hießen.

China lacht gackernd, dann prustet sie.

Das kommt bestimmt aufs nächste Album deiner Eltern, sagt mein Vater, »*Chinas Prusten*«.

China prustet wieder.

Dann mache ich den Mund auf und quäke: *Daddy, warum vergewaltigen Frauen keine Männer?*

Gute Frage, sagt er nachdenklich. *Was denkst du?*

Ich glaube, Frauen haben dafür nicht die Leidenschaft, sage ich mit neunjähriger Autorität.

Das ist nicht der Grund, Maggie, sagt Emily mit tiefer Verärgerung. *Es ist nicht, weil sie nicht die* Leidenschaft *dafür haben.*

Mein Vater wollte, dass ich Schriftstellerin werde. Eigentlich wollte er, dass ich werde, was immer ich werden wollte. Wofür auch immer ich mich interessierte – er schnitt Zeitungsartikel aus und hinterließ sie auf meinem Kopfkissen, so dass ich sie finden würde, wenn ich zu Bett ging. Als Versuch, das Elend der Scheidung wiedergutzumachen, erlaubte er Emily und mir, unsere Zimmer in seinem neuen Haus so zu dekorieren, wie wir es wollten. Ich wollte alles voller Regenbogen haben. Und das bekam ich. Emily wollte alles in Lila, lila Lampenschirme, lila Teppichboden, lila Bettbezüge. Und das bekam sie auch.

Unser Leben mit ihm in diesem Haus war farbenfroh, hedonistisch und kurz. Regenbogenlicht strömte durch den Farbglas-Regenbogen, der an einer goldenen Schnur vor meinem Schlafzimmerfenster baumelte. Mein Vater umsorgte uns mit Stouffer's Macaroni und Rindfleisch, serviert auf schönem Geschirr und bei Kerzenschein. Jeden Abend führte ich improvisierte Tanznummern für ihn in seinem Wohnzimmer auf, begleitet von lauter Musik aus seiner Plattensammlung. Tom Waits. Joni Mitchell. Harry Nilsson. Bob Dylan. Mit einem Tumbler Jack Daniel's in der Hand, gelegentlich wegnickend, schaute er sich diese Aufführungen liebevoll vom Sofa aus an, und jedes Mal klatschte er lautstark und pfiff nach meiner abschließenden Verbeugung. An anderen Abenden spielte er Gitarre und sang, während ich auf seinen Rücken kletterte und mich festklammerte wie ein Äffchen. Frauen kamen und gingen, Frauen, die uns beim Betteln unterstützten: *Komm schon, Dad, lass uns Eis essen gehen.* Mindestens zwei von ihnen hießen Candy. Es gab zwei Marthas, eine Ellen, eine Vicki und zwei Wendys. Zu Weihnachten kaufte er Unmengen von Lametta, mit dem wir den Baum dekorieren konnten, weil Lametta bei unserer Mutter verboten war. In jenem Jahr war Weihnachten bei unserem Vater eine einzige Lametta-Orgie.

Meine Mutter für ihren Teil war nach der Scheidung mehr und mehr von der Idee eines minimalistischen Weihnachtsbaums angetan: spärliche Zweigchen, die horizontal abstanden, lediglich dekoriert mit weißen Lichtern, rotlackierten Äpfeln und Schleifen im Schottenmuster. Außerdem machte sie sich die Mühe, eine rote Filzrolle aufzuhängen, an die Schwarzweißfotos ihres neuen Ehemannes gesteckt waren, Fotos, die in den späten 1950er Jahren gemacht worden waren, als er ein Kleinkind war und auf dem Schoß eines Nikolaus saß – in seinem Tweedmantel sah er genauso bockig aus, wie er mir jetzt erschien. *Ist er nicht hinreißend,* sagte sie jedes Mal, wenn sie daran vorbeiging. Mit einer Art gemäßigtem Sadismus, dessen Ursprünge sich mir nachhaltig entziehen, schenkte mein Vater meiner Mutter jedes Jahr zu Weihnachten ein verpacktes Exemplar der Gelben Seiten auf Chinesisch (was meine Mutter nicht lesen konnte), eine VHS-Leerkassette (die sie für nichts gebrauchen konnte), als ob er sie erinnern wollte, dass er die Feiertage verabscheute, dass er Geschenke verabscheute und dass er auf irgendeine Weise vielleicht auch meine Mutter verabscheute (und somit auch uns) und dass er fest entschlossen war, diese Hasstaten alljährlich mit dadaistischem Erfindungsgeist zu verrichten.

Doch es gab einen Trick: In einem dieser Jahre versteckte er ein Paar echte Perlenohrringe unter diesem Haufen verpacktem Wal-Mart-Müll, weshalb unsere Mutter in den darauffolgenden Jahren niemals sicher sein konnte, ob ein Schatz auf sie warten würde. Das war niemals der Fall, doch die Spannung blieb enorm, ihre Enttäuschung schmerzlich.

Nach einigen Jahren beschloss meine Mutter, dass wir Weihnachten einfach vollkommen ausfallen lassen und stattdessen nach Mexiko in Urlaub fahren würden, wozu es ein paar Jahre hintereinander dann auch kam. Ich erinnere mich daran, dass mein Stiefvater nur einmal mit uns dort war. Ich mochte es, nach Mexiko zu fahren, denn unser Urlaub bestand normalerweise darin, tagsüber steile Ruinen zu besteigen und sich bei Nacht mit meiner Mutter in Strandbars zu betrinken, auch wenn mir der Trip immer ein ungutes Gefühl gab, dass wir abgehauen waren und vor etwas anderem als nur vor Weihnachten wegliefen.

Im Gericht stellen meine Mutter und ich schnell fest, dass es eine enorme Belastung für unsere Körper sein wird, acht oder neun Stunden auf der Bank zu sitzen, weshalb wir nach der ersten Woche des Prozesses die Kissen von Jills Verandamöbeln abnehmen und sie fortan mit in den Gerichtsaal tragen. Solly bringt sich auch ein Kissen mit. Aber auch die Kissen haben ihre Grenzen. Als ich schließlich starke Schmerzen in einem meiner Beine und in meiner Schulter bekomme, sage ich meiner Mutter, dass ich vielleicht irgendwo in der Stadt einen Massagesalon aufsuchen möchte.

Mach nur, sagt sie, doch sie für ihren Teil glaube, Massagen seien sybaritisch.

Ich weiß nicht, was das Wort bedeutet, und so ignoriere ich sowohl sie als auch es.

Während der Verhandlung versuche ich, nicht zu sehen, was meine Mutter sich auf ihrem Legal Pad notiert, doch wenn ich gucke, stelle ich fest, dass wir uns von denselben Details angezogen fühlen. Und ich stelle mir die Frage, ob dies nicht eigentlich die Geschichte ist, die sie erzählen müsste, und ob ich sie eigentlich von ihr stehle, sogar jetzt noch.

Wochen später, als ich zurück in Connecticut bin, schlage ich das Wort nach.

Sybarit: eine Person, die genusssüchtig ist; ein Schwelger. Aus dem Lateinischen *Sybarita,* Bewohner der Stadt Sybaris in Italien, deren antike Einwohner bekannt waren für ihren »berüchtigten Luxus«.

Anscheinend ist meine Mutter auch der Meinung, dass es zu sybaritisch ist, mit eingeschalteter Klimaanlage in ihrem Schlafzimmer in Jills Haus zu schlafen – sie sagt, es wäre unfair mir gegenüber, da ich keine Klimaanlage in meinem kleinen Gewächshaus-Zimmer habe. Die Nächte sind jedoch furchtbar unangenehm, und so macht sie am Ende eine Art Kompromiss: Jede Nacht schaltet sie die Klimaanlage ein, lässt ihre Fenster und ihre Tür dabei aber weit offen. Ich versuche, sie von der Idiotie dieses Unternehmens zu überzeugen, doch sie bleibt fest entschlossen. In der ersten Woche stehe ich mitten in der Nacht auf, steige aus meinem Bett auf der anderen Seite des Flurs und schließe ihre Tür, während sie schläft. Ich möchte mehr Privatsphäre, und ich vermute, dass sie besser schlafen wird, wenn sie es wenigstens kühl hat. Bald allerdings wird mir dieses Ritual zu viel. Nachdem ich ihr eine ganze Nacht dabei zugehört habe, wie sie sich im Bett herumwirft und wie dabei das laute, nutzlose Summen der Klimaanlage läuft, ziehe ich das Laken von meinem Bett, nehme es mit nach unten und schlafe ab sofort auf der Couch.

NACH GERECHTIGKEIT

Weil Janes Freund Phil die letzte Person war, die Jane am 20. März 1969 lebend gesehen hatte, hat der Staat ihn vorgeladen, zur Verhandlung zu erscheinen. Doch das ist nicht ganz richtig: Der Staat hat ihn gebeten, zu erscheinen, hat ihn jedoch nicht vorgeladen, da eine außerhalb der Vereinigten Staaten lebende Person nicht vorgeladen werden kann. Er willigt ein auszusagen, und ich stelle fest, wie ich mich etwas schuldig fühle – ich weiß, dass er das nicht will, und ich war es, die letzten November die Informationen über seinen Aufenthaltsort an Schroeder weitergegeben hatte. Damals scherzte Schroeder, dass ich selbst darüber nachdenken sollte, Detective zu werden, da man eine Zeit lang erfolglos nach Phil gesucht hatte. Das überraschte mich, da ich ihn lediglich durch einen Telefonanruf und einen Überseebrief aufgespürt hatte.

In der Zwischenzeit habe ich Phil zweimal in Brooklyn getroffen, wo er eine Wohnung hat; einmal flogen meine Mutter und ich auch nach England, um ihn in London zu treffen, wo wir eine Woche mit ihm und seiner langjährigen Partnerin, einer Gesundheitsaktivistin namens Henie, verbracht hatten. Als ich sah, wie meine Mutter und Phil sich nach über dreißig Jahren auf dem Londoner Flughafen begrüßten, schien sich das ganze psychotische Unterfangen meines Buches *Jane* für einen Moment gelohnt zu sein – es wirkte sogar heilsam, wenn auch auf eine zerklüftete Weise.

Phil kommt am Abend bevor er aussagen soll, in Ann Arbor an, und der Staat bringt ihn im selben Motel unter, in dem auch mein Großvater übernachtet. Meine Mutter und ich wollen mit Phil allein zum Abendessen gehen, teils um zu plaudern, teils um sein Zusammentreffen mit meinem Großvater zu planen. Sie haben sich seit Janes Beerdigung nicht mehr gesehen, und Phil wusste damals, dass ihr Vater weder mit ihm noch mit der Beziehung zu seiner Tochter einverstanden gewesen war. Und dann war da noch die ungute Tatsache, dass Phil eine Zeit lang auch als Hauptverdächtiger in Janes Mordfall galt. So hatte er nicht nur den Verlust seiner geliebten Frau ertragen müssen, sondern auch noch polizeiliche Befragungen, Misstrauen von allen Seiten sowie Durchsuchungen seines Hauses und seines Wagens und so weiter.

Wenn Sie den Typen schnappen, hatte Phil der Polizei gesagt, *dann hoffe ich, Sie respektieren seine Bürgerrechte mehr, als Sie meine respektiert haben.*

Die Polizei konnte nicht fassen, dass jemand, der Jane heiraten wollte, so über ihren Mörder sprechen würde, also holten sie ihn zurück, um ihn noch weiter zu befragen.

Jetzt springt er aus dem Motel und sieht großartig aus – eine akademische Version von Richard Gere, in schwarzen Jeans und einem schwarzen T-Shirt. Er sagt, er wolle an seinem alten Haus in Ann Arbor vorbeifahren, und schon bald sitzen wir auf einer gemauerten Terrasse unter einem Sonnenschirm und trinken Margaritas. Vor uns liegt das Haus, in dem er gewohnt hat, und darin befindet sich heute eine Buchhandlung für Schwule und Lesben, flankiert von dieser Bar und einem Thai-Restaurant.

Eine Zeit lang starrt Phil ungläubig sein altes Zuhause an – die Regenbogenflagge, die über der Tür hängt, die Kunden, die durch sein Wohnzimmer wuseln –, und dann erzählt er uns, wie es früher innen ausgesehen hat, wie es war, dort mit Jane gewesen zu sein. Anschließend schwenkt sein Tonfall plötzlich vom Nostalgischen ins Nachbohrende. Er möchte wissen, warum meine Mutter und ich uns entschlossen haben, an dem gesamten Prozess teilzunehmen. Warum – und für wen – genau wir glaubten, da sein zu müssen.

Wir sind für Jane hier, sagt meine Mutter auf wehleidige Weise, als ob das offensichtlich sein müsste.

Ich nicke zustimmend, obwohl irgendetwas daran nicht wie die Wahrheit wirkt. Jane ist schließlich ziemlich tot. Wir sprechen darüber, was die Lebenden benötigen oder wovon die Lebenden glauben, die Toten benötigten es, oder wovon die Lebenden glauben, die Toten hätten es benötigt, wenn sie nicht tot wären. Allein, die Toten sind tot. Vermutlich haben sie mit dem Wollen abgeschlossen.

»Den Lebenden schulden wir Respekt, / Den Toten schulden wir die Wahrheit.« ~ Voltaire. ~ Abteilung für Gewaltverbrechen / Michigan State Police – so lautet die Signatur unter jeder E-Mail, die wir von Schroeder bekommen.

Ich weiß, dass ich für meine Familie spreche, wenn ich sage, dass wir dem Voltaire-Zitat beipflichten, mit dem Ihre Nachricht endet, schreibt ihm meine Mutter zurück.

Der Mordfall ist die Sache des Staates, sagt Phil jetzt mit einer gehörigen Portion Abscheu. *Er hat überhaupt nichts mit Jane zu tun. In Wahrheit hätte sie ihn verabscheut.*

Meine Mutter und ich spielen an den Papierschirmchen in unseren Drinks herum, fühlen uns unerwartet zurechtgewiesen. Er hat recht: Es heißt dankenswerterweise nicht Jane Louise Mixer gegen Gary Earl Leiterman. Und auch nicht Jane Louise

Mixers hinterbliebene Familie gegen Gary Earl Leiterman. Es heißt der State Michigan gegen Gary Earl Leiterman. Wenn du im Gerichtssaal sitzt, vergisst du niemals diese Tatsache: Der Richter sitzt zusammengekauert in seiner weiten schwarzen Robe vor einer grünweißen Marmorwand mit einem enormen Bronzesiegel, und du sitzt ihm direkt gegenüber. Das Bronzesiegel stellt einen Hirsch und einen Elch dar, die im Flachrelief auf ihren Hinterbeinen stehen, gestützt auf ein Wappen, das wiederum einen Mann zeigt, der auf eine Langwaffe gestützt ist und einen Sonnenaufgang betrachtet. Darunter prangt das Wort *TUEBOR: I werde verteidigen.* Dann ist um den unteren Teil des Siegels das Staatsmotto geschwungen: *Si Quœris Peninsulam Amœnam Circumspice. Suchst du eine freundliche Halbinsel, so sieh dich hier um.*

Hätte Jane den Prozess wirklich verabscheut? Sie selbst studierte Jura und wollte Anwältin werden – keine Strafverteidigerin, aber doch eine Verteidigerin. *Solange ich sie kannte, sprach sie davon, Anwältin zu werden,* sagt ihre High-School-Lehrerin der *Detroit News* nur einige Tage nach ihrem Tod. *Es war ihr größtes Ziel.* Im Jahr 1969 war Jane eine von 37 Jura-Studentinnen in einem Jahrgang von 420. Sie verbrachte die letzten paar Jahre ihres Lebens damit, an politischen Kampagnen mitzuarbeiten und sich in den Grundlagen von Zivilrechtsprozessen weiterzubilden. In der Folge ihres Todes richtete die juristische Fakultät den Jane-L.-Mixer-Gedächtnispreis ein, um Studierende zu ehren, die großes Engagement für soziale Gerechtigkeit und Zivilrechte zeigen. Während meiner Kindheit hatte ich immer geglaubt, es seien meine Großeltern gewesen, die diesen Preis eingerichtet hatten, doch ich hätte es besser wissen müssen. Im Zuge meiner Recherchen für *Jane* erfuhr ich, dass Freunde und Freundinnen von Jane ihn im Jahr 1970 ins Leben gerufen und ihn bis heute aufrechterhalten haben. Bevor ihr Fall erneut aufgerollt wurde, förderten meine ersten Online-Recherchen zu »Jane Mixer« größtenteils Informationen zu früheren Jura-Studierenden zu Tage, die diesen Preis gewonnen und damit anschließend ihre Online-Lebensläufe dekoriert hatten. Jane lebte vielleicht nicht lange genug, um ein »Vermächtnis« hinterlassen zu haben, doch wenn sie irgendetwas in dieser Art begonnen hatte, dann ist diese Konstellation von politischen Aktivistinnen und Aktivisten, Anwälten und Anwältinnen für öffentliches Recht sowie Sozialarbeiterinnen und Sozialarbeitern, die durch ihren Namen im Cyberspace verlinkt ist, vielleicht ein Teil davon.

Schließlich breche ich das Schweigen und murmle etwas wie: *Vielleicht hätte Jane den Prozess verabscheut. Wenn ich aber ermordet worden wäre, und niemand würde zu meinem Prozess kommen, dann wäre ich, glaube ich, ein bisschen gekränkt.* Das Seltsame, das Kindische an dieser Aussage ist mir in dem Moment bewusst, als sie meine Lippen verlässt. Natürlich würde ich nichts dergleichen empfinden. Ich wäre tot.

Es gab einmal eine Zeit in meinem Leben, ich war ungefähr sechzehn, da wurde ich unsicher, ob Frauen wirklich sterben müssten. Ich meine, natürlich wusste ich, dass sie das müssten, doch ich war verwirrt, ob sie auf diesem Planeten dasselbe existentielle Dilemma wie die Männer erlebten. Diese Verwirrtheit entstand während eines Sommerkurses, den ich an der UC Berkeley besuchte, eine Vorlesung mit dem Titel »Existentialismus in Literatur und Film«. Ich hatte mir diesen Kurs aus intellektuellen Gründen ausgesucht, doch insgeheim hoffte ich, er würde mir helfen, mit Panikattacken in Bezug auf den Tod und das Sterben klarzukommen, die mich in den Jahren unmittelbar nach dem Tod meines Vaters heimsuchten. Sein Hinscheiden im Schlafzimmer hatte den Inhalt des Wiegenlieds *Morgen früh, wenn Gott will, wirst du wieder geweckt* aus dem Reich der Spekulation in den Bereich des Möglichen katapultiert, und obwohl ich erst elf Jahre alt war, dann zwölf, dann dreizehn, hatte ich häufig panische Angst davor, abends einzuschlafen und morgens nicht mehr aufzuwachen. Aus neurologischen Gründen, die mir weiterhin unklar sind, wurden diese Panikattacken häufig begleitet von einer bestimmten grünlichen Tönung, die mein Sehvermögen überspülte. Wenn ich eine Attacke aufwallen spürte, stand ich aus dem Bett auf und ging im Keller des Hauses meiner Mutter hin und her, bis die Möbel und der Himmel vor dem Fenster sowie meine Haut diese kränklich grüne Färbung verloren hatten, die, wie ich Jahre später während einer Reise nach Kentucky herausfand, große Ähnlichkeit hatte mit der dunstigen Luft unmittelbar vor dem Aufziehen eines Tornados.

Der Existentialismus-Professor hatte uns zu Beginn gesagt, dass er eigentlich »Mensch« meinte, wenn er vom englischen »man« sprach, was Mann und Mensch bedeuten konnte. Doch meinem Gehirn fiel es nicht leicht, diese Substitution nachzuvollziehen. Mir gefiel der Kurs, doch mit der Zeit hatte ich den Eindruck, er sei eine anthropologische Vermessung, mit dem »modern man« als zentralem Untersuchungsgegenstand – eben einem modernen Mann, dessen düsteres Umherwandern und ewiges Unbehagen in Bezug auf seine eigene Sterblichkeit mich begeisterten und mir bekannt waren, gleichzeitig aber doch sehr speziell und nicht einfach übertragbar schienen.

Einer der Filme, die wir schauten, war Hitchcocks *Vertigo*, und ich erinnere mich, dass es mich beunruhigte, wie Kim Novaks Charakter zwischen einem Gespensterdasein und einer Körperexistenz gestrandet zu sein scheint, während Jimmy Stewarts Charakter das leibhaftige »Reale« darstellt. Ich wollte meinen Professor im Nachhinein fragen, ob Frauen immer bereits auf eine Weise tot seien oder ob sie umgekehrt auf eine Weise noch nicht angefangen hatten zu existieren, allerdings fand ich nicht die richtigen Worte, um die Frage zu formulieren, ohne dabei zu klingen – oder ohne mich dabei zu fühlen –, als hätte ich mehr oder weniger den Verstand verloren.

Lässt man Jane mal außen vor, sagt Phil, *scheint mir die Anklage des Staates ausgesprochen dürftig zu sein.*

Meine Mutter und ich wissen eine Menge über die Anklage des Staats. Allerdings hat Phil einen Jura-Abschluss – vielleicht weiß er einfach mehr als wir.

Das mag ja sein, sagt meine Mutter. *Aber wir sind nicht hier, weil wir hoffen »zu gewinnen«. Ich bin mir nicht mal sicher, dass wir »nach Gerechtigkeit suchen«. Wir sind hier, um zu bezeugen.*

Wieder nicke ich zustimmend – und es ist gut, dass wir nicht »nach Gerechtigkeit suchen«, denn ich bezweifle, dass irgendjemand von uns, die an diesem Tisch sitzen, in der Lage wäre, in Worte zu fassen, was genau das bedeuten könnte.

Wir suchen nur nach Gerechtigkeit, falls diese Person schuldig ist, sagte mein Großvater am 30. November 2004 der *Kalamazoo Gazette. Ich hoffe, dass wir die richtige Person haben und dass der Gerechtigkeit Genüge getan wird.*

Vielleicht weil ich Stunden damit verbracht habe, Studierenden über die Sünden des Passivs zu predigen – wie es die Bedeutung verschleiern kann, die Vitalität betäuben und die Aufgabe, die Handlungsfähigkeit oder die Verantwortung einfach entziehen kann –, finde ich die Grammatik der Gerechtigkeit unerträglich. Ihr wird immer »Genüge getan«, ihr wird »gedient«, sie wird »geleistet«. Sie stürzt immer von oben herab – von Gott, vom Staat – wie ein Blitzstrahl, ein flammendes Schwert, das in der letzten Stunde der Erde niedergeht und die Gerechten von den Sündern scheidet. Scheinbar ist sie nichts, was wir einander geben können, etwas, das wir selbst vollbringen können, etwas, das wir hier unten in unserem Dreck gemeinsam erschaffen können. Das Problem liegt vielleicht auch im Wort selbst, denn Jahrtausende lang hatte »Gerechtigkeit« Konnotationen von »Vergeltung« als auch von »Gleichheit«, als ob die beiden nicht von einer klaffenden Kluft getrennt würden.

Wenn du in der Tat wissen willst, was Gerechtigkeit ist, so stelle nicht bloß Fragen und urteile dann über jeden, der antwortet und widerlege, was seine Antwort war, brüllt Thrasymachos Sokrates im *Staat* an. *Du weißt sehr wohl, dass es weit leichter ist, Fragen zu stellen, als sie zu beantworten. Gib selbst eine Antwort und sage uns, was Gerechtigkeit ist.*

Wenn der Gerechtigkeit Genüge getan wird, schreibt Anne Carson, *bricht die Welt weg.* Das scheint mir kein glücklicher Gedanke zu sein. Ich bin mir noch nicht ganz sicher, ob die Welt wegbrechen soll.

Egal, was während des Prozesses passiert, sagt Phil mit einem Schulterzucken, als ob er den ganzen Schlamassel von sich abschütteln würde, *ich habe das schon vor Jahren mit mir »verhandelt«. Ich habe es damals verarbeitet und abgehakt. Es ist für mich heute vorbei.*

Schön und gut, will ich zu ihm sagen, aber warum sitzen wir drei dann gerade vor deinem alten Haus in Ann Arbor und sprechen bei Margaritas darüber, was Jane gewollt oder nicht gewollt hätte, am Vorabend deiner freiwilligen Aussage in ihrem Mordprozess? Ich kann über die Richtigkeit von Phils Aussage nicht urteilen; ich weiß, ich sollte es nicht einmal versuchen. Dennoch muss ich an mir feststellen, dass ich ihm seine Worte ungefähr so sehr abnehme, wie ich es Sylvia Plath abnehme, wenn sie am Ende eines Gedichts, das gänzlich mit Trauer und Hass für ihren Vater durchtränkt ist, schreibt: *Daddy, du Drecksack, jetzt hab ich genug*. Außerdem glaube ich langsam, dass es Ereignisse gibt, die nicht »verhandelt« werden können, Dinge, die nicht »abgehakt« werden können, über die man nicht einfach sagen kann, man habe »genug«.

Wir fahren Phil zurück zum Motel, wo wir ihn zum Zimmer meines Großvaters begleiten. Sie führen eine durchweg angenehme, wenn auch kurze Unterhaltung – etwas mehr als ein höflicher, etwas weniger als ein warmer Austausch.

Phils Zeugenaussage am nächsten Morgen ist ausgezeichnet. Er trägt einen grauen Anzug und ist sehr geduldig, selbst bei Hillers letzter, furchtbarer Frage:

Mr. Weitzman, haben Sie Jane Mixer umgebracht? Nein, antwortet Phil in ruhigem Ton, *das habe ich nicht.*

Ich zucke allerdings zusammen, als bestimmte Fotografien von Jane auf der großen Leinwand erscheinen – Gott sei Dank nicht die Autopsie-Fotos, sondern einige Schnappschüsse, die Phil vor vielen Jahren gemacht und in einem Schließfach aufbewahrt hatte, bevor er sie mir in einem Umschlag in einem Café in Brooklyn überreichte, als wir uns das erste Mal sahen, als Beitrag zu meinem Buch *Jane*. Ich hatte mit dem Gedanken gespielt, die Fotos in mein Buch aufzunehmen, mich dann aber dagegen entschieden. Ich hatte nie das Gefühl, dass mir die Entscheidung überlassen sein sollte, sie zu veröffentlichen, und ich empfand eher, ich wäre zu etwas wie ihrer Hüterin geworden.

Doch ganz egal, welch feinfühlige Vorsätze ich beim Schreiben von *Jane* auch gehabt haben mochte – sie wurden über den Haufen geworfen in dem Moment, als Schroeder mich das erste Mal anrief. Schroeder las die Beschreibungen dieser Fotos in *Jane* und griff gleich darauf zum Hörer, um nachzufragen, ob ich ihm Abzüge davon schicken könnte, so dass er aktuellere Fotos hätte, um sie während seiner Untersuchung zeigen zu können. Ich wollte, dass die Ermittlungen so gut wie möglich verlaufen – tatsächlich spürte ich so etwas wie einen ethischen Imperativ, sie so gut wie möglich zu unterstützen –, und so ließ ich schnell Abzüge von Phils Fotos machen und schickte sie ab. So kamen Phil und ich und alle anderen dazu, sie auf dieser großen Leinwand zu sehen, einer Leinwand, die abgefilmt und live im Fernsehen übertragen wird. Eine wahrhafte Hüterin ihrer Privatsphäre.

Auf der Straße vor dem Gerichtsgebäude, während wir gerade auf einen Wagen der Michigan State Police warten, um ihn zum Flughafen zu bringen, erzählt Phil mir, dass er in der Nacht vor seiner Aussage nicht gut geschlafen habe. Er hatte keinen Jetlag und er war nicht aufgeregt, vor Gericht zu erscheinen. Stattdessen schlief er nicht gut, weil er lange in seinem Motelzimmer aufgeblieben war, um das Exemplar von *Jane* zu lesen, das ich ihm beim Abendessen gegeben hatte. Bevor das Buch in Druck ging, hatte ich um seine Erlaubnis gebeten, einige Auszüge aus unserer Korrespondenz zu verwenden; er hatte mir diese Erlaubnis erteilt, wenn auch auf eine uneindeutige Weise, indem er mir sagte, dass er »mir vertraut, das Richtige zu tun«. Nichtsdestoweniger sagt er jetzt, er sei etwas aus der Fassung gebracht worden, seine eigenen Worte gedruckt zu sehen. (Ich war so besorgt wegen der Diavorführung im Gerichtssaal, die er mit keinem Wort erwähnt, dass ich völlig vergessen hatte, darüber besorgt zu sein, dass er *Jane* lesen würde.) Er sagt, er habe auch gesehen, dass ich mich in meiner »Danksagung« bei ihm für seine Freundschaft bedanke. Das ist nett, sagt er, aber er hält das, was uns verbindet, eigentlich nicht für eine Freundschaft. Als er das sagt, fühlt es sich an, als würde sich mein Magen wie eine Faust zusammenballen, und Blut schießt mir ins Gesicht. *Aber,* sagt er mit einem Abschiedzwinkern, *das heißt nicht, dass ich nicht geehrt wäre, wenn es eine Freundschaft wäre.*

DAS HÜLSENBUCH

Am vierten Verhandlungstag schreitet eine junge Forensikerin namens Julie French in einem blauen Kostüm mit schnellem Schritt in den Saal, hebt die rechte Hand und schwört, die Wahrheit zu sagen, die ganze Wahrheit und nichts als die Wahrheit (der »so wahr mir Gott helfe«-Teil ist passé) und bringt die allmännliche Blase zum Platzen. French ist nur die erste einer ganzen Reihe von Wissenschaftlerinnen, die aussagen werden – einige von ihnen waren 1969 noch nicht einmal geboren worden. Die jüngste dieser Frauen – eine quirlige DNA-Analytikerin in ihren Zwanzigern –, die erschreckend jung aussieht, um als »Expertin« zu gelten, gibt an, dass sie in ihrer Tätigkeit im Rahmen des Anschlags aufs World Trade Center vom 11. September 2001 und des Tsunamis in Indonesien von 2004 mit ihrem forensischen Team ungefähr Hunderttausende einzelner genetischer Proben bearbeitet habe. Das 21. Jahrhundert hat das Gebäude betreten.

Die Aussage von French hat das Schleusentor geöffnet und eine Welle komplizierter DNA-Aussagen ausgelöst. Wir hören so viele davon, dass meine Mutter und ich, zurück bei Jill, völlig übermütig die Spuren unserer Körperflüssigkeiten im ganzen Haus verfolgen. Wir stellen sie uns wie unsichtbare Post-it-Zettelchen vor, so wie sie Leute anbringen, die versuchen, eine neue Sprache zu lernen. Auswurf von einem Niesen auf dem Wasserhahn in der Küche. Schweißablagerungen auf unseren

Laken. Blut aus gebrauchten Tampons in den Mülleimern im Badezimmer. Tränen in unseren zusammengeknüllten Kleenex-Kugeln und auf unseren Ärmeln.

Im Gericht erfahren wir, dass die Haut mancher Menschen in größerem Maße abschilfert, was so viel bedeutet, dass sich abgestorbene Hautschuppen bei ihnen schneller ablösen, und dass diese Menschen dadurch mehr DNA hinterlassen als andere. Wir erfahren, dass diese erhöhte Abschilferung eine Vielzahl von Gründen hat – wann man zuletzt geduscht hat, wie sehr man schwitzt. Wir fragen uns, ob wir in erhöhtem Maße abschilfern. Wir erfahren, dass dies bei Jane wahrscheinlich nicht der Fall war, da nur sehr wenige ihrer eigenen Hautschuppen auf ihrer Kleidung zu finden sind. Allerdings schilferte – oder schilfert – Leitermans Haut vermutlich in hohem Maße.

Wir erfahren, dass Leitermans DNA zuerst auf Janes Strumpfhose entdeckt wurde, von einem Analytiker, der jedes Kleidungsstück, das sie in der Nacht ihres Mordes getragen hatte, auf einem Tisch mit sauberem, braunem Packpapier auslegte und anschließend im abgedunkelten Labor mit einer Wood-Lampe beleuchtete, die »biologisches Gewebe anregt«. Unter dem UV-Licht begannen bestimmte Stellen auf Janes Strumpfhose zu leuchten, und der Analytiker entnahm winzige Proben aus den leuchtenden Bereichen und sammelte sie in Reagenzgläsern. Anhand dieser Proben – jede nicht größer als eine Nadelspitze – konnte er schließlich ein Profil erstellen, einen »genetischen Fingerabdruck«, der dem eines Mannes aus 171,7 Billionen glich: Gary Earl Leiterman aus Gobles, Michigan.

Wir erfahren auch, dass ein drittes DNA-Profil auf Janes Leiche gefunden wurde: das von Phil. Sein Profil wurde ausgehend von einer Zellansammlung angefertigt, die in der Bauchgegend von Janes Wollpullover gefunden wurde, sowie auf dem Taschenbuchexemplar von Joseph Hellers *Catch-22*, das neben ihrem toten Körper gefunden wurde. Es war Phils Buch. Er hatte es ihr geliehen, als er sie das letzte Mal gesehen hatte.

Während der Strom von Analytikerinnen und Analytikern Aussagen macht, schließe ich meine Augen und versuche mir vorzustellen, wie die ganze Welt im dunklen Labor aussähe, wenn sie plötzlich von einem Licht beleuchtet würde, einem Licht, dessen Wellenlänge die Wege unserer Körper und all unsere Interaktionen »anregte«. Wenn alles Blut, Scheiße, Sperma, Schweiß, Spucke, Haare und Tränen, die wir jemals – auf Gegenständen oder aufeinander – hinterlassen haben, plötzlich anfing zu glühen. Phils Hautzellen würden in einem Streifen auf Janes Pullover aufleuchten; Leitermans würden weiße Lichtflecke um ihre Knöchel formen, an denen sie höchstwahrscheinlich in den Friedhof gezerrt wurde.

Wenn sie gut konserviert sind, können diese Körperspuren Jahrzehnte überdauern – und identifizierbar bleiben. Sogar für Jahrtausende und noch länger. *DNA ist robust,* erklärt ein Analytiker im Zeugenstand. *Sie kann verloren gehen, aber sie kann nicht verändert werden.* Da es derzeit keine Möglichkeit gibt, DNA einer exakten Zeit zuzuordnen, würden Tausende von Jahre alte Zellen, unter dem richtigen Licht betrachtet, genauso neben den Zellen leuchten, die wir heute hinterlassen. Unter dem richtigen Licht betrachtet, sind Gegenwart und Vergangenheit nicht zu unterscheiden.

Das sind schlechte Nachrichten für jemanden, der hofft, »ungestraft davonzukommen«, besonders wenn seine oder ihre DNA aus irgendeinem Grund in die CODIS-Datenbank gelangt ist. Ich habe nicht vor, irgendjemanden umzubringen, aber trotzdem bin ich froh, dass Schroeder mich nicht darum bittet, dem Staat eine Probe meiner DNA zu geben, wie er es von meiner Mutter, meinem Großvater und meinem Onkel wünscht. Der Staat möchte genetische Profile anlegen, die mit Jane in Verbindung stehen, um sie als mögliche Beiträgerinnen und Beiträger zur vorhandenen DNA am Tatort auszuschließen. (Mein Großvater sagt es nicht, aber ich stelle mir vor, er müsse denken: Wenn das die Alternative dazu ist, ihren Körper zu exhumieren, dann soll es so sein.) *Es gibt keinen Grund zur Sorge, wenn man nichts falsch gemacht hat*, meinen die Befürworter von umfangreicheren DNA-Datenbanken und Fahndungen, ein Refrain, auf den Schroeder sich augenzwinkernd beruft, als er mit einer Art faseriger Zahnbürste Hautzellen vom Mundinneren meiner Familie entnimmt und dann eine spezielle Schutzhülle über die Proben streift, um sie sicher ins Labor zu bringen. Unwillkürlich kommt mir die Erinnerung, dass das englische Wort für diese Hüllen, *sheath*, eine etymologische Beziehung zum Wort *Vagina* aufweist. Ich werde daran umso mehr erinnert, als meine Mutter etwas Skepsis über die Aussagekraft des DNA-Tests äußert und Schroeder sie beruhigt, indem er sagt: *Schauen Sie, vergangenes Wochenende hatten wir einen Gang-Bang-Fall, und durch die DNA konnten wir sogar sagen, in welcher Reihenfolge die Typen sich an ihr vergangen haben.*

Ein plötzlicher Tod ist eine Art – ich vermute, eine schreckliche Art –, die Details eines Lebens einzufrieren. Während des Schreibens von *Jane* wurde mir verblüffend bewusst, wie ein einziger Gewaltakt eine ganze Reihe von Alltagsgegenständen verwandelt hatte – einen Regenmantel, eine Strumpfhose, ein Taschenbuch, einen Wollpullover –, verwandelt hatte in nummerierte Beweisstücke, die jeden Moment allegorische Bedeutung annehmen können. Ich wollte, dass *Jane* diese Gegenstände benennt. Ich unternahm einige Anstrengungen, um beispielsweise festzustellen, ob der Regenmantel, der Janes Leiche bedeckte, beige oder gelb war, denn ich hatte beides gehört. Weil ich es nicht herausfinden konnte, war ich gezwungen zu schreiben »ein langer Regenmantel«, anstatt ihm eine Farbe zu geben, auch wenn es mir wichtig gewesen war, dass er eine Farbe gehabt hätte. Genauigkeit erschien wie eine Waffe, ein Mittel, das »Schicksal« zu bekämpfen. Jane hatte *Catch-22* gelesen, doch es hätte auch anders sein können. Die Dinge können immer auch anders sein.

Während meiner Recherchen waren mir gelegentlich Hinweise auf ein gelb-weiß gestreiftes Handtuch begegnet, mit dem Janes Blut aufgefangen oder aufgewischt worden war. Aus Gründen, die mir bis heute unbekannt sind, haben die involvierten Detectives immer angenommen, dieses Handtuch habe nicht Jane selbst gehört; wie der Strumpf, mit dem sie gewürgt wurde, wird es als »Fremdobjekt am Tatort« betrachtet. Einige Berichte erwähnen es, andere wiederum nicht. Ein Teil von mir bezweifelte, dass es jemals existiert hatte. Ich habe es in *Jane* aufgenommen, allerdings mit einem Fragezeichen.

Aus irgendeinem Grund war dieses Handtuch eines der ersten Dinge, zu denen ich Schroeder während unseres Telefonats im November befragte.

Komisch, dass Sie das erwähnen, sagte er. *Dieses Handtuch habe ich direkt hier vor mir auf meinem Schreibtisch liegen.*

Der Flur meiner Wohnung geriet erneut in Schieflage.

So war es auch mit dem Boden des Gerichtssaals, als ich ein

paar Monate später zusah, wie Schroeder bei der Anhörung im Januar mit einem Schnappen Latexhandschuhe anzog und dieses Handtuch aus seinem Beweiskarton zog, als wäre es ein Stück Treibgut von den entlegenen, dunklen Seiten des Flusses Styx. Das Gewebe der Realität musste ein wenig auseinanderreißen, um ihm Einlass zu gewähren.

Zu der Zeit, als der Gerichtsmediziner dieses Handtuch während des Prozesses im Juli entfaltet und die Art des »tiefen, intensiven Blutflecks« in seiner Mitte beschreibt, wird das Surreale jedoch dem Schrecklichen gewichen sein. Ich habe Jane vielleicht nicht gekannt, aber ich weiß, dass ich dieses Blut teile. So auch meine Mutter. So auch meine Schwester. Dieses Wissen wird mir jedes Mal bewusst, wenn ich das Handtuch sehe, und jedes Mal, wenn ich es sehe, fühlt es sich an, als würde ich erwürgt. Wenn ich gefragt würde, würde ich die dichte, chaotische, sechsunddreißig Jahre alte Spirale aus getrocknetem, braunem Blut als eines der traurigsten Dinge beschreiben, die ich je gesehen habe. *Wunschloses Unglück.*

Die Zeuginnen, Zeugen und Detectives falten und entfalten dieses Handtuch viele Male, stets mit einer gewissen Feierlichkeit und Förmlichkeit, als wäre es eine Flagge. Doch die Flagge welchen Landes, das kann ich nicht sagen. Irgendeine dunkle Landsichel, wo Leiden im Wesentlichen bedeutungslos ist, wo die Gegenwart ohne Vorwarnung in die Vergangenheit zerfällt, wo wir den Schicksalen, die wir am meisten fürchten, nicht entkommen können, wo starker Regen fällt und die toten Körper aus ihren Gräbern gespült werden, wo Trauer für alle Ewigkeit währt und ihr Einfluss niemals schwindet.

Wie sich herausstellt, ist das Handtuch nichts als die Ouvertüre. Eins nach dem andern wird jedes der übrigen Objekte im Laufe des Prozesses aus dem Beweiskarton hervorgezaubert. Jedes ist umhüllt von seinem eigenen Plastikbeutel, als wäre das Ganze die fertige Wäsche aus dem Waschsalon eines Wahnsinnigen. Das Ritual läuft wie folgt ab: Ein Detective schneidet jedes Objekt aus seinem Plastikbeutel und reicht es an Hiller weiter, der es dann feierlich zu dem jeweiligen Gerichtsmediziner oder der Gerichtsmedizinerin im Zeugenstand bringt, als würde ein Staffelstab weitergegeben. Der Gerichtsmediziner oder die Gerichtsmedizinerin hält dann jedes Objekt hoch, um es dem Gericht zu zeigen und es fürs Protokoll zu beschreiben. Während des Zeigens fertige ich meine eigene Liste an:

- ein breiter, puderblauer Schal, reine Seide, sehr hübsch
- ein blaugrauer Pullover, vermutlich Wolle, tweedähnlich, schaut aus, als würde er gerade bis übers Knie reichen, eine silberne Anstecknadel oben links
- ein Wollmantel, den man entweder blau oder grau nennen könnte (was für die farblichen Widersprüche in Zeitungen und Büchern verantwortlich ist), sieht blutverschmiert aus, schwer zu sagen
- eine Menge Kleidung auf Kleiderbügeln
- ein blauer Rollkragenpullover, sieht nach Baumwolle aus, links herum, sieht auch blutig aus
- eine Stumpfhose, überall mit kleinen Streifen Klebeband markiert
- ein hellgelber Halbrock, gemustert mit Glückskäfern
- eine gelbe Unterhose mit Blumenmuster, Größe 7, auch mit Glückskäfern

- ein passender BH, weitere Glückskäfer
- ein himmelblaues Haarband aus Kreppgewebe, etwa 2,5 Zentimeter breit, blutverschmiert.

Wann immer der Gerichtsmediziner oder die Gerichtsmedizinerin den Pullover, den Halbrock, den Mantel hochhält, hängt plötzlich die Gestalt einer Frau im Gerichtssaal. Größe 7. Die Gestalt von Jane. Man kann sehen, mit welcher Sorgfalt sie die Kleidungsschichten zusammenstellte, die Farben aufeinander abstimmte: die Gelbtöne darunter, ein Blauschema darüber. Ihre Unterwäsche hätte genauso gut aus einer Zeitkapsel stammen können: Mein Gott, *Glückskäfer*.

Jedes Mal, wenn »Beweisstück 32« erscheint, breitet sich ein eigenartiges Schweigen im Raum aus. »Beweisstück 32« ist die Strumpfhose, die Jane in der Nacht ihrer Ermordung trug. Die Staatsanwaltschaft hat außerdem eine Digitalfotografie der Strumpfhose gemacht: ein Bild, das zwei braune, aufeinander zu gebogene Beine vor einem weißen Hintergrund zeigt. Das Leben eines Mannes hängt von dieser zerlumpten Strumpfhose mit einwärtsgerichteten Füßen ab, deren durchsichtige Beine jetzt leer in der Luft tanzen.

Auf einer anderen Seite meines Legal Pads lege ich eine weitere Liste an – eine Liste zur Katalogisierung verschiedener während des Prozesses verwendeter Wörter, die mich aufwühlen, und nenne den Grund, warum sie das tun:

- »Ligatur« – klingt zu elegant für einen Strumpf, der zum Garrotieren verwendet wurde
- »Knochentrümmer im Schädel« – klingt wie Müll, keine Kugeln

– »Kontusionshof« klingt wie Ring-around-the-collar, der Werbefilm über Flecken am Hemdkragen
– »Schusskanal« klingt wie ein Top-40-Song
– »Das Hülsenbuch« – klingt wie ein Kinderbuch, nicht wie ein Munitionsprotokoll aus einem Baumarkt mit Garys Unterschrift darin.

Im Laufe des Prozesses tauchen auch kleinere, seltsamere Objekte aus dem Karton auf. Die merkwürdigsten unter ihnen sind nicht die Kleidungsstücke, die Jane trug, oder die Dinge, die sie bei sich hatte, sondern die Dinge, die aus ihrem Körper entfernt wurden. Zum Beispiel der blutige Tampon, den sie in der Nacht ihrer Ermordung in ihrer Vagina hatte und der nun in einem Glasgefäß aufbewahrt wird. Ebenfalls in Glasgefäßen: die beiden Geschosse, die während ihrer Autopsie aus ihrem Gehirn entfernt wurden. Eines dieser Gläser ist gekennzeichnet mit dem Wort »Gehirn«, das andere mit dem Wort »Schläfe links«. Die Kugel im Glas »Schläfe links« ist unversehrt genug, um einige sichtbare Markierungen erkennen zu lassen – nämlich »sechs Kerben und Rillen mit einer Rechtsdrehung«. Die andere Kugel, »Gehirn«, ist ein hoffnungsloser Haufen von Bleisplittern. *Kugeln sind weicher als Kanonen,* erklärt ein staatlicher Waffenexperte. *Sie verformen sich, wenn sie auf etwas Hartes treffen.* »Gehirn« schlug an einer sehr dicken Stelle an der Schädelbasis in Janes Kopf ein und wurde deshalb augenblicklich zertrümmert.

Die Geschworenen reichen die kleinen Gläschen mit zerbrochenem Blei herum, kneifen die Augen zusammen und betrachten verblüfft die Überreste der Patronen. Während sie damit beschäftigt sind, schwenkt die Kamera von CBS schnell zu mir und meiner Mutter auf unserer Bank, und ich höre schon die Stimme aus dem Off: *Mit Schrecken müssen die Angehörigen zusehen, wie die Geschworenen jene zertrümmerten Kugeln in Augenschein nehmen, die vor über dreißig Jahren aus dem Schädel des Opfers entfernt wurden.*

Doch eigentlich denke ich nicht über diese zertrümmerten Überreste nach. Ich denke an meinen eigenen Trümmerkarton – eine kleine weiße Pappschachtel, die ich seit über 22 Jahren von Stadt zu Stadt mit mir herumgeschleppt habe, von Wohnung zu Wohnung, von Schreibtischschublade zu Schreibtischschublade. In dieser Schachtel liegen etwa neun Fragmente vom Körper meines Vaters, zusammen mit etwas weißem Knochenpulver. Meine Mutter, meine Schwester und ich verstreuten seine Asche 1984 in einem Fluss in der Sierra Nevada. Doch ich behielt eine kleine Menge davon zurück, umklammerte sie mit meiner Hand die ganze lange Fahrt vom Berg herunter. Die Überreste legte ich anschließend in diese kleine weiße Schachtel und band die Schachtel fest mit einem Gummiband zu. Ich beschriftete die Schachtel mit den Worten »Dads High-School-Ring«, um potentielle Diebe auf die falsche Fährte zu bringen. Ich hatte große Pläne für diese Asche, Pläne, von denen sonst niemand etwas wissen durfte. Pläne, für die sonst niemand klug genug war, um selbst auf sie zu kommen. Ich wusste nur noch nicht genau, was diese Pläne waren. Jahre später, als ich die Prämisse von *Jurassic Park* hörte – Wissenschaftler finden heraus, wie Dinosaurier aus ihrer DNA rekonstruiert werden können, und sie kehren zurück, um auf Erden zu wandeln –, hatte ich den Geistesblitz: *Vielleicht ist es das, worauf ich gewartet habe.*

Diese Asche ist allerdings keine wirkliche Asche. Sie besteht eher aus Brocken. Einige davon sehen so aus, wie ich mir einmal vorgestellt hatte, dass die Überreste einer Einäscherung aussehen müssten – elegante, mondfarbene Knochensplitter, wie Muscheln, die vom Meer gebrochen und geglättet wurden. Andere sind jedoch einfach nur seltsam. Ein schwammiger hellbeiger Brocken, der ein Marsgestein in Miniaturgröße sein könnte. Ein Stück von porösem, dunkelbraunem Material, etwa so groß wie ein Radiergummi. Und am seltsamsten: zwei Stücke von porösem weißen Knochen, die an etwas befestigt sind, was wie getrocknete hellgelbe Klumpen Klebstoff aussieht.

Ich erinnere mich, dass ich meine Mutter, kurz nachdem wir seine Asche verstreut hatten, über diese hellgelben Klumpen befragt habe. Sie hatte keine Erklärung, doch sie stellte eine gewagte These auf: *Vielleicht trug er bei seiner Einäscherung noch seine Brille.*

Ich fand dieses Bild verwirrend. Zurück zu Hause, als ich allein in meinem Kellerzimmer war, dachte ich darüber nach, während ich in meiner Schachtel mit Asche herumstocherte, oder meiner Schachtel mit Brocken. Ich stellte mir vor, wie mein Vater ähnlich einer Pizza in einen Holzofen geschoben wurde und wie sein stämmiger, gebräunter Körper im Licht des Feuers glänzte. Er war nackt und trug bloß seine Brille. Ich stelle es mir immer noch vor. Die Schachtel steht direkt hier vor mir.

AN DEN GLEISEN

Ein Exfreund, mit dem ich vor langer Zeit zusammen war, ist vor kurzem nach Ann Arbor gezogen, und an einem Abend nach der Verhandlung besuchen meine Mutter und ich ihn und seine Familie in dem merkwürdigen Haus, das sie kürzlich gekauft haben. Seine Frau absolviert gerade ihre Assistenzzeit in gynäkologischer Chirurgie an der University of Michigan, und die beiden haben zwei Kinder – einen altklugen Fünfjährigen namens Max und ein entzückendes Töchterchen namens Tillie. Wir sitzen zusammen und plaudern im Spielzimmer der Kinder, schauen Tillie zu, wie sie auf ihrem Bäuchlein über den Teppichboden robbt und wie Max ein kompliziert wirkendes Computerspiel meistert, mit dem man Brücken konstruieren kann. Meine Mutter ist mitgekommen, weil sie sich mit diesem Exfreund gut verstand, und tatsächlich erhielt sie den Kontakt zu ihm noch einige Zeit aufrecht, nachdem seine und meine Wege sich getrennt hatten. Als ich zuhöre, wie die beiden sich unterhalten, und sehe, wie sie sein seliges, sabberndes Baby auf ihrem Schoß hält, habe ich den Eindruck, als wäre ich eher bei einem lustigen Wiedersehen der beiden zugegen als bei meinem Wiedersehen mit ihm.

Wir erzählen ihnen ein bisschen vom Prozess, und seine Frau muss uns wiederholt daran erinnern, zu buchstabieren, wenn wir Worte wie M-O-R-D und V-E-R-G-E-W-A-L-T-I-G-U-N-G sprechen, so dass Max sie nicht versteht. Es fällt schwer, nicht das Gefühl zu haben, wir seien die Botinnen äußerst schlechter Nachrichten. *Fremdobjekte am Tatort.* Mein Gefühl verstärkt sich noch, als Max mich an der Hand nimmt und runter in sein Zimmer führt, um mir auf seinem Bett einige akrobatische Tricks vorzuführen. Währenddessen fällt mir auf, wie ich zwei in gleichem Maße beunruhigende Gedanken habe. 1. Wäre ich bei diesem Freund geblieben, vielleicht wäre dies mein solides, verständliches, glücklich machendes Leben gewesen. Und 2. Max ist etwa so alt, wie Johnny Ruelas war, als der berüchtigte Blutstropfen auf Janes Handrücken fiel.

Sobald die Kids in ihren Schlafanzügen stecken, seilen mein Ex und ich uns ab und beschließen, in eine Bar zu gehen, um uns etwas auszutauschen. Da ich nicht weiß, wie viel wir uns zu erzählen haben, sage ich zu meiner Mutter, dass ich wahrscheinlich früh zurück sein werde.

In der Bar sagt er andauernd, er könne es nicht fassen, was für ein Zufall es ist, dass er gerade hierhergezogen und ich wegen eines Mordprozesses hier sei. In Anbetracht der zahlreichen Zufälle in diesem Fall wirkt dieser eher unbedeutend. Ich bin einfach nur froh, ihn zu sehen. Schließlich bleiben wir ziemlich lang und trinken ziemlich viel.

Zu meinem Entsetzen stelle ich bei meiner Rückkehr in Jills Haus fest, dass meine Mutter wach geblieben ist, um auf mich zu warten. Sie hatte sich Sorgen gemacht. Sie ist verärgert darüber, dass ich so spät allein nach Hause gelaufen bin. Ich sage ihr, dass mein Ex mich begleitet hat, sie solle sich keine Sorgen machen, alles in Ordnung, leg dich schlafen. Sie entschuldigt sich, sagt, sie glaube, es sei der Prozess, der ihr zusetze. Es kämen all ihre alten paranoiden Ängste wieder hoch. Es hilft dabei nicht, dass sie gerade *Der Teufel von Chicago: Ein Architekt, ein Mör-*

der und die Weltausstellung, die Amerika veränderte liest, einen Bestseller über einen Serienvergewaltiger im Chicago der Wende ins zwanzigste Jahrhundert. In einer unglücklich ironischen Fügung des Schicksals wählte eine ihrer Lesegruppen kürzlich dieses Buch für die nächste Diskussion aus.

Natürlich hatte mich mein Ex nicht nach Hause begleitet. Stattdessen wanderte ich betrunken von der Main Street runter zu den Bahngleisen, legte mich dort auf den Boden und lauschte der ruhigen Welt. Rauchte eine Zigarette, als ich auf dem Rücken lag, fühlte mich als Teil des Erdbodens, als eines der dunklen und verlorenen Geschöpfe der Nacht.

Seit ich denken kann, ist dies eines meiner Lieblingsgefühle. Allein im öffentlichen Raum zu sein, die Nacht zu durchwandern oder ganz dicht an der Erde zu liegen, anonym, unsichtbar, schwebend. Ein Mensch in der Masse zu sein, oder umgekehrt, allein zu sein mit der Natur oder mit deinem Gott. Deinen Anspruch auf öffentlichen Raum zu erheben, selbst während du spürst, wie du dich auflöst in seiner Fülle, seiner Erhabenheit. Für den Tod zu üben, indem du dich völlig entleert fühlst und trotzdem auf irgendeine Art immer noch lebendig.

Es ist eine Empfindung, die Frauen zu verschiedensten Zeiten und an den verschiedensten Orten nicht zugestanden wurde. Viele versuchen, sie Frauen noch heute abzuerkennen. Millionenfach wurde dir gesagt, wenn du allein und weiblich und spätnachts draußen bist, dann spielst du mit dem Feuer, und deshalb ist es unmöglich zu erkennen, ob du mutig und freimütig bist oder stumpfsinnig und selbstzerstörerisch. Und manchmal bedeutet, für den Tod zu üben, einfach nur, für den Tod zu üben. Als Teenager mochte ich es, mir beim Baden Münzen auf die Augen zu legen.

Als Teenager mochte ich es auch, zu trinken. Zum ersten Mal betrunken war ich mit neun, beim Hochzeitsfest meiner Mutter. Auf Fotos der Feier bin ich zu sehen, wie ich in einem malvenfarbenen Blumenkleid mit einem Teddybären im Arm unter einem Glastisch schlafe. Damals hatte ich einen gebrochenen Fuß, eine Verletzung, die ich mir während einer Tanzvorführung für meinen Vater zugezogen hatte, doch weil jeder meinte, diese Verletzung sei eine psychosomatische Reaktion auf die Hochzeit meiner Mutter, war ich noch nicht beim Arzt gewesen. Auf allen Fotos der Zeremonie balanciere ich auf einem Fuß. Ich humpelte zum Altar.

Ich habe niemals irgendjemandem erzählt, dass ich einige Abende vor der Hochzeit allein in meinem Regenbogenzimmer im Haus meines Vaters war und mir mehrere Male mit der Faust gegen den Fuß schlug, um die Verletzung sichtbar zu machen. In gewisser Weise funktionierte es – mein Fußballen schwoll auf schreckliche Weise an, und die Schmerzen wurden sehr viel schlimmer. Auf einem Röntgenbild, das ein paar Wochen später gemacht wurde, waren Ermüdungsfrakturen einer Knochenkonstellation zu erkennen, die man die »Sesambeine« nennt, und ich kam schon wieder mit einem Gips nach Hause. Ich habe nie erfahren, ob ich mir diese Ermüdungsfrakturen selbst beigebracht hatte, allein in meinem Schlafzimmer, oder ob sie von der ursprünglichen Verletzung stammten.

Doch ich lernte erst, wie man trinkt, oder wie man nicht trinkt, als ich fünfzehn war und als Austauschstudentin in Spanien lebte. Meine gesamte Zeit dort ist ein einziger Dunst aus *un gintonic, por favor*; Pfirsichschnaps direkt aus der Flasche in Hotelzimmern; sich übergeben, ganz gleich welches nächtliche *cena* meine spanische Gastfamilie mir serviert hatte, bevor ich ausging in *la discoteca* – ich erinnere mich vage an viel *tortilla atún* –, und dann, nach dem Übergeben, den Mund ausspülen und zurück in die Bar; durch die spanische Landschaft schippern in Autos, die von betrunkenen Fremden gefahren wurden; nachts durch meine mittelgroße Industriestadt wandern, beeindruckt von dem damals ganz neuen Phänomen von Doppelbildern und davon, wie viel besser mein Spanisch wurde, wenn ich besoffen war; rummachen mit einem gesichtslosen Jungen nach dem anderen in *la cuadra,* der Ausgehgegend in meiner Stadt, in einem Nebel aus nassen Mündern und harten Schwänzen. Ich lernte es zu schätzen, dass Betrunkensein oder Highsein einem die Angst absaugt, ich lernte, wie das gefährliche, aber zutiefst erleichternde Gefühl bestärkt wird, ein für alle Mal das Langzeitprojekt der eigenen Sicherheit aufgegeben zu haben. Später werde ich ungefähr ein Jahrzehnt damit verbringen, in New Yorker Bars zu arbeiten und im Morgengrauen nach Hause zu irren und dabei dasselbe Prinzip anzuwenden.

Während ich nun an den Gleisen lag, sinnierte ich über die Ereignisse im Gerichtssaal an jenem Tag. Ich dachte an die Aussage des pensionierten Staatspolizisten Earl James, der geraume Zeit mit der Diskussion des schrecklichen Mords an Dawn Basom verbrachte, dem dreizehnjährigen Mädchen, das die Nummer fünf in der Mordserie gewesen war. James hatte, damals in den 1960ern, die Taskforce der Michigan-Morde geleitet und hat sich seitdem der Faszination für Serienmord hingegeben. (Im Jahr 1991 hatte er im Selbstverlag, den er »International Forensic Services, Inc.« taufte, ein Buch mit dem Titel *Catching Serial Killers* veröffentlicht.) Vielleicht liegt es an dieser Spezialisierung, dass James dazu neigt, mit enormer Autorität über den Mord an Jane zu sprechen. *Sie hatte Preise fürs Debattieren gewonnen, und es war klar, dass sie eine gute Gesprächsbeziehung mit dem Mörder aufgebaut hat,* sagte er im Rahmen des Prozesses zu einem Reporter. *Doch er konnte sie nicht gehen lassen, weil sie ihn identifizieren konnte.* Er schien der einzige Mensch auf der Welt zu sein, der Zugang zu derartigen Informationen hatte.

Während seiner gesamten Zeugenaussage hatte James Tränen in den Augen; Court TV berichtete später, dass er, während der Beschreibung der Vergewaltigung von Dawn Basom und ihrer anschließenden Strangulierung mit einem Stromkabel »mit zittriger Stimme sprach und an die Decke starrte«. James' Tränen waren zweifellos echt, doch sie rührten mich nicht. In Wahrheit waren sie mir paternalistisch, melodramatisch und ziemlich gruselig vorgekommen. Ich konnte sie einfach nicht mit dem Spektakel eines Mannes zusammenbringen, damit beschäftigt, lebhafte Handbewegungen zu machen, um genau zu zeigen, wie der Mörder »mit seinem Messer den Schritt von Dawns Höschen durchgeschnitten hat«.

Dann erinnerte ich mich daran, dass James irgendwann während seiner Aussage erzählte, dass Dawn zuletzt auf den Bahngleisen gesehen worden war, wie sie nach Hause schlenderte. Und da lag ich nun und dachte an Dawn. Ich dachte an Dawn, und ich dachte daran, wie schön die Eisenbahnschienen nachts sind, beglänzt von roten und grünen Signalen, die zwei silbernen, parallel verlaufenden Linien, die in die Ferne davonleuchten. Die ganze Welt war still und heiß und flackernd.

GARY

Wie bereits die geringsten Details von dem, was mit Dawn Basom passierte, vielleicht erkennen lassen, war der Mord an Jane der am wenigsten brutale der Mordserie. Sie schien schnell gestorben zu sein, und sie war die Einzige, die nicht vergewaltigt worden war. Die Staatsanwaltschaft möchte diesen Unterschied hervorheben, da er auf einen anderen Mörder als Collins hinweist. Nancy Grows Sohn wird vorgeladen, um auszusagen, dass Janes blutbefleckte Tasche absichtlich am Straßenrand »aufgestellt« wurde, als wäre sie ein Wegweiser zu ihrem Körper, während ein pensionierter Polizist, der an den Michigan-Morden arbeitete, aussagt, die Leichen der anderen Mädchen seien an den Straßenrand oder in Schluchten geworfen worden, wie Abfall. Wer auch immer diese Mädchen tötete (vermutlich Collins), kehrte anschließend wieder zu ihren Leichen zurück, um sie weiter zu schänden – die Hände und Füße des ersten Opfers, einer Neunzehnjährigen namens Mary Fleszar, wurden offenbar einige Tage nach ihrem Tod abgeschnitten.

Der Polizist, der zuerst am Tatort des Mordes an Jane war, tritt wieder auf, um zu beschreiben, wie ihr Koffer und ihr Exemplar von *Catch-22* dicht neben ihr platziert worden waren; ihre Schuhe, ihre Handtasche und das gelb-weiß gestreifte Handtuch zwischen ihren Beinen; und wie ihre Leiche dann sorgfältig zugedeckt wurde – zuerst drapiert mit den Kleidern auf Kleiderbügeln, darüber ihr Wollmantel, dann, ausgebreitet über alledem, ihr Regenmantel, wie um das gesamte Bündel vor den Elementen zu schützen. Als er gebeten wird, diese Behandlung der Leiche mit der von Mary Fleszar zu vergleichen, schüttelt derselbe Polizist – heute ein älterer Mann – nur den Kopf. *Das erste Mädchen – der Zustand, in dem sie war …* Hiller muss ihn dazu bringen, fortzufahren. *Dieses erste Mädchen war nur Haut und Knochen. Mit einem Gürtel vollkommen verprügelt worden. Ihre Haut,* sagt er, bricht ab, schüttelt erneut den Kopf, *ihre Haut war wie Leder.*

Earl James fasst es im Zeugenstand so zusammen: *Es sah fast so aus, als ob der Täter [Janes Mörder] Mitgefühl für das Opfer hatte.*

Der Presse gefällt diese Formulierung, und in den nächsten Tagen wird MÖRDER HATTE MITGEFÜHL zur Schlagzeile in lokalen und nationalen Artikeln über den Fall. Im Court TV wird auf diesem Motiv aufgebaut und berichtet, »die akribische Anordnung ihrer Leiche deutet auf Zärtlichkeit hin.«

Als Schroeder im November erstmals Leiterman befragte, betonte auch er diese Gesten des Umsorgens. Er sagte zu Leiterman: *Ich habe lange für die Mordkommission gearbeitet, und ich habe Dinge gesehen, die von absoluten Monstern angerichtet wurden. Dieses Verbrechen wurde nicht von einem Monster begangen. Wer auch immer das getan hat, war* kein *Monster.* Er sagt, dass diese Sprechweise bei Leiterman fast dazu geführt hätte, dass er auspackte.

Als Verhörmethode konnte ich dieses Vorgehen akzeptieren. Doch nachdem wir die MÖRDER HATTE MITGEFÜHL-Schlagzeilen am nächsten Morgen in einem Starbucks überflogen haben, werfen meine Mutter und ich die Zeitungen angewidert weg. Den Leichnam einer Frau einzuhüllen, als habe er sie vor der Kälte schützen wollen, nachdem er sie erschossen und gewürgt und ihre Unterhose in einem letzten Akt der Erniedrigung heruntergezogen hatte; sorgfältig die Gliedmaßen und die Habseligkeiten einer Person zu arrangieren, die nie mehr dazu in der Lage sein wird, irgendetwas davon zu verwenden – wir sind uns einig: Diese Handlungen können nicht als »Zärtlichkeit« bezeichnet werden.

Schroeder und ich hatten dieses Problem schon Monate zuvor am Telefon angesprochen. Damals sagte ich ihm, dass Janes brutale Strangulierung nach ihrem Tod (oder kurz vor ihrem Tod) trotz dieser Gesten der »Umsorgung« kaum auf Reue oder Rücksicht, was ihren Körper betraf, hindeuteten.

Nun, das ist etwas komplizierter, sagte er.

Er erzählte mir, dass sie nach der erneuten Untersuchung der genauen Position der Strumpfhose, der Art des Knotens und so weiter zu der Vermutung gelangt seien, dass sie möglicherweise als Druckverband verwendet worden war, ein etwas perverser medizinischer Versuch, die Blutung aus der Schusswunde an ihrem Kopf zu stoppen. Ich wusste nicht, ob er nahezulegen versuchte, dass ihr Mörder den Druckverband in einem Anfall von Schuld oder Bedauern verwendet hatte oder ob ihr Mörder aus anderen Gründen versuchte, die Blutung zu stoppen – zum Beispiel, um nicht die Sitzbezüge in seinem Auto zu ruinieren. Doch ich habe nicht weiter nachgefragt.

Denn Schroeder hatte eine andere beunruhigende Spekulation aufgestellt. Bevor er zur Polizei kam, war Schroeder bei den Marines. Eines Tages, bereits zu Beginn der Ermittlung in Janes Fall, ging er mit einem anderen ehemaligen Marine einige Einzelheiten des Tatorts durch – vor allem, wie Janes Kleidung aufgehäuft worden war und wo ihre Habseligkeiten platziert worden waren. Sein Freund sah ihn an und sagte: *Schroeder, du bist der dümmste ehemalige Jarhead, den ich jemals getroffen hab'. Verstehst du nicht, dass der Typ sie beigesetzt hatte wie während eines Gefechts?*

Wenn ein Soldat während eines Gefechts fällt und seine Kameraden nicht in der Lage sind, seinen Leichnahm vom Schlachtfeld zu nehmen, sind sie angewiesen, seine Habseligkeiten zusammenzufalten und zwischen seine Beine zu legen, so dass seine Leiche und seine Besitztümer später sehr schnell und effizient geborgen werden können. Schroeder war überzeugt, dass sie nach jemandem suchen müssten, der beim Militär gedient hatte. Collins hatte das nicht. Aber Leiterman.

Und die über zwanzig Jahre seit seiner Dienstzeit (die in Südamerika und Mexiko, nicht in Vietnam stattfand) arbeitete Leiterman als Krankenpfleger im Borgess Medical Center.

Es ist mehr als wahrscheinlich, dass Leiterman während dieser Zeit viele Patientinnen und Patienten mit lebenserhaltender Pflege versorgt hat, vielleicht sogar mit lebenserhaltendem Komfort, und wer weiß, womit sonst noch. Falls er Jane getötet hat, was geschieht dann mit dieser Pflege? Wird sie rückwirkend für null und nichtig erklärt?

Während seines Prozesses im Juli wird er nicht wie der verwirrte, raue Elmer Fudd in einer grünen Sträflingsuniform aussehen, den wir erstmals im Januar zu Gesicht bekamen. Er wird einen neuen Haarschnitt haben, einen Anzug und eine Krawatte tragen und viel konzentrierter aussehen. Die Fesseln, die seine Knöchel fixieren, werden nur sichtbar sein, wenn der Gerichtsdiener ihn in den Gerichtssaal führt, während er seiner Familie zuwinken und manchmal ein Lächeln aufsetzen wird.

Nach diesem ersten Blick auf den neuen Leiterman können meine Mutter und ich ihn nicht mehr sehen. Um auf der großen Leinwand die Exponate, die der Jury gezeigt werden, und die verschiedenen Personen im Zeugenstand sehen zu können, müssen wir uns auf einen Platz auf unserer Bank begeben, von wo aus Leiterman sich nicht mehr in unserem Blickfeld befindet. Er wird nie in den Zeugenstand gerufen, was nach Hillers Aussage in Mordfällen, in denen so viel auf dem Spiel steht, nicht ungewöhnlich sei. Wir werden seine Stimme niemals hören. Jeder im Zeugenstand wird darüber sprechen, was mit Janes Körper »gemacht wurde«, nicht was er getan oder angeblich getan hat, nicht einmal was »ihr Mörder getan hat«. Er wird außerhalb des Blickfelds sein, außerhalb unserer Gedanken und außerhalb der Sprache. Es kostet mich Konzentration und harte Arbeit, mich an ihn zu erinnern, auch jetzt noch.

Ich hatte versucht, vor dem Prozess mehr über Leiterman herauszufinden, in erster Linie mit Hilfe jener trägen, befremdlichen Recherchemethode des 21. Jahrhunderts. Ich googelte ihn. Folgendes habe ich herausgefunden:

> *Aus dem Wirtschaftsteil der* Detroit News *vom 23. März 2001:*
> »Jeden Abend gucke ich die Nachrichten und seit einem Jahr sagt Tag für Tag jeder einzelne Finanzspezialist, den sie interviewen, dass alles in Ordnung ist und dass wir nur in einer kleinen Flaute stecken«, sagte Gary Leiterman, ein staatlich geprüfter Krankenpfleger aus Gobles, Michigan. Leiterman, Ende 50, hatte gehofft, bald nur noch in Teilzeit arbeiten zu können. Im letzten Jahr allerdings, eine Woche vor Beginn des Konjunkturabschwungs auf den Märkten,

riet ihm sein Finanzberater, 25 % seines Vermögens in aggressive Wachstumsfonds umzuschichten. Seitdem hat er den größten Anteil des Geldes verloren, zusätzlich zu den Verlusten auf dem High-Tech-Nasdaq-Markt. »Als ich vor ein paar Wochen wieder zu ihm gegangen bin, war er mir gegenüber ganz schön einsilbig«, sagte Leiterman. »Es wird nicht klappen, dass ich schon mit 60 in Rente gehen kann, so viel ist klar.«

Dann, aus der Sparte »Inside the News« der Detroit News *am 13. Februar 2002:*
In einem Leserbrief zu einer »Inside the News«-Kolumne vom 30. Januar über die Berichterstattung zum Frauensport in den Detroiter Zeitungen insistiert der Leser Gary Leiterman aus Gobles, Michigan, er sehe Verbesserungsmöglichkeiten. … »In den Zeitungen in Detroit wird leider nicht genug von Frauensport berichtet. Ein gutes Beispiel sind die Berichte zu den Little Leagues im Baseball auf Bezirks-, Regional- und Bundesligaebene. Dieselben Anstrengungen werden nicht gemacht, was die Mädchenteams in den Softball Little Leagues der World Series angeht, die gerade einmal zwei Stunden entfernt, in Kalamazoo, ausgetragen wird. Es sollte Ihnen bewusst sein, dass es über 50 000 Frauen zwischen 8 und 58 gibt, die in diesem Staat Fastpitch-Softball spielen. Rein aus wirtschaftlicher Perspektive, wenn Sie Ihre Leserschaft vergrößern wollen, wäre hier ein guter Anfang.«

Weder dieser Krankenpfleger, der seine verpufften Kapitalanlagen beklagte und auf eine frühe Pensionierung hoffte, noch der Verteidiger von Athletinnen in der ganzen Welt, ein gewandter Weltbürger, der Briefe an die Herausgeber schreiben konnte – nichts davon war auf den ersten Blick zu vereinbaren mit dem flüchtigen, in Dunkelheit gehüllten Peiniger, den meine Mutter, meine Schwester und ich seit Jahren in unseren Träumen bekämpft hatten.

Leitermans guter Ruf als Musterbürger wurde allerdings infrage gestellt durch eine Schlagzeile, die etwa zwei Wochen nach seiner Verhaftung erschien: MORDVERDÄCHTIGER MIT PORNOGRAFIEKLAGE BELASTET.

Als ich erstmals von dieser Schlagzeile Wind bekam, empfand ich weniger Schock als Argwohn oder Überdruss. Es war zu vorhersehbar – das nächste Kapitel in der klassischen amerikanischen Geschichte, in der ein »gewöhnlicher Typ« oder »guter Nachbar« sich als Axtmörder herausstellt und/oder einen Kinderpornoring in seinem Keller betreibt. In einem Land, in dem die Porno-Industrie mehr Umsatz einfährt als alle professionellen Sportarten zusammen, habe ich meine Zweifel, ob man irgendein amerikanisches Zuhause durchsuchen könnte, ohne dabei einen geheimen Vorrat an Pornografie ausfindig zu machen, und das meiste davon befände sich zweifellos am Rande der Illegalität. Außerdem, ich mag Pornografie, und die einzige wirkliche Panik, die die Worte »Pornografieklage« in mir auslösen, ist die, dass mich meine Porno-Gewohnheiten eines Tages zur Zielscheibe der Traditionellen-Familienwerte-Revolution machen könnten, sobald diese ihre militante Phase von Hausdurchsuchungen erreicht hat. Sofort rief ich Schroeder an, um die Einzelheiten zu erfahren.

Schroeder teilte mir mit, dass die Polizei im Rahmen ihrer Durchsuchung von Leitermans Haus nach seiner Verhaftung zwei Polaroidfotos beschlagnahmt habe, die mit Leitermans Sofortbildkamera gemacht worden waren. Die Fotos hätten sich in einem Nachtschränkchen befunden. Auf den Polaroids war ein junges Mädchen im Teenageralter zu sehen, von der Taille abwärts nackt und anscheinend bewusstlos, auf der Tagesdecke der Leitermans.

Als die Polizei die Fotos entdeckte, war man anfänglich besorgt, man habe es womöglich mit einem weiteren Mord zu tun. Als Schroeder allerdings die Bilder sah, erkannte er das Mädchen als die lebendige, sechzehnjährige koreanische Austauschstudentin, die er bei Leiterman zu Hause am Morgen von dessen Verhaftung kennengelernt hatte.

Diese Austauschstudentin, die gebrochenes Englisch sprach, musste am 8. Dezember 2004 im Rahmen einer Anklage gegen Leitermann wegen Nutzung sexualmissbräuchlichen Materials, das ein Kind involvierte, aussagen. Sie weinte, als ihr die Bilder gezeigt wurden, und sagte, sie habe keine Erinnerung daran, dass diese Fotos gemacht worden seien. Die Polizei war sich ziemlich sicher, dass die Bilder gemacht wurden, nachdem sie betäubt worden war. Unter Leitermans Rasierzeug, das man ebenfalls während der Hausdurchsuchung beschlagnahmte, fand man später ein unbeschriftetes Fläschchen mit einem Pulver, das sich als Mischung aus Diphenhydramin (dem Wirkstoff in Dormutil) und Diazepam (dem in Valium) herausstellte. Von einem Toxikologen der Staatspolizei wurde das Mittel als K.-o.-Tropfen bezeichnet.

Leiterman behauptete, die Austauschstudentin sei »ein wildes Kind« gewesen, dass er nicht derjenige war, der die Fotos von ihr gemacht, sondern sie lediglich gefunden habe. Er sagte, da er vermutet habe, sie wären von einem der Freunde des Mädchens gemacht worden, habe er sie neben seinem Bett aufbewahrt, bis Solly von einer Geschäftsreise zurückgekehrt wäre, um mit ihr gemeinsam darüber zu entscheiden, welche nächsten Schritte unternommen werden sollten.

Schließlich bekannte Leiterman sich schuldig zu der weit geringeren Anschuldigung des Besitzes von Kinderpornografie, und das Mädchen wurde nach Südkorea zurückgeschickt.

Als ich davon höre, wie dieses Teenager-Mädchen im Zeugenstand schluchzt, bin ich zum ersten Mal – und ehrlich gesagt zum einzigen Mal – wirklich dankbar, dass Leiterman in Gewahrsam genommen wurde und sich weiterhin dort befindet.

Im Wesentlichen ist die Erotik die Domäne der Gewalt, der Vergewaltigung, schrieb der große französische pornografische Schriftsteller Georges Bataille. Bataille war magnetisiert von den Bildern der Azteken, die einander das Herz aus der Brust reißen, von der Darstellung der heiligen Teresa in den Wirren wilder Verzückung. Ich habe meine Zweifel, dass er dabei einen schwitzigen, alten weißen Kerl in einem Vorort von Michigan im Sinn gehabt hatte, der ein Mittelchen aufschäumt, um damit seine Austauschstudentin zu betäuben und sexuell zu missbrauchen.

Später erfahre ich, dass Leiterman einmal von einer Kollegin beschuldigt wurde, sie sexuell missbraucht zu haben, als sie während einer Dienstreise im Bus eingeschlafen war. Nach Leitermans Verhaftung wird ein Mann, der in den späten 1960ern Leitermans Mitbewohner war, an die Polizei herantreten und aussagen, Leiterman habe ihm einmal ein Fläschchen mit einer Flüssigkeit gezeigt und geprahlt, die Substanz wäre in der Lage, eine Frau bewusstlos zu machen, und dass zu viel davon sie umbringen kann. Die Anklage wird auch eine Frau ausfindig machen, die in den späten 1960er Jahren mit Leiterman ausgegangen war und bereit ist, zu seiner »sexuellen Störung« auszusagen.

Der Richter lässt keine dieser Informationen während der Verhandlung zu. Weil Jane nicht betäubt wurde, betrachtet er auch die Anschuldigungen wegen Kinderpornografie als gegenstandslos. Die Verteidigung möchte, dass es dabei bleibt, allerdings bedeutet das auch, dass sie keine weiteren Leumundszeugen aufrufen kann, um zu Leitermans Gunsten zu sprechen, was Leiterman selbst mit einschließt. So hängt alles an der Wissenschaft.

Zu Beginn des Prozesses plane ich eine Seite in meinem Legal Pad dafür ein, all die Informationen zusammenzutragen, die ich innerhalb der nächsten Wochen über Leiterman erfahren werde. Am Ende des Prozesses sah die Seite wie folgt aus:

- Spitznamen waren unter anderem »Gus« und »Weicherman«
- bekannt für einen gesunden Appetit
- leidenschaftlicher Jäger von Fasanen, Eichhörnchen, Kaninchen und so weiter
- hatte einmal einen Fuchs als Haustier.

Den einzigen anderen potentiellen Einblick in Garys Charakter bekam man in Form eines gemeinen, visuellen Tricks seitens der Anklage. In einer PowerPoint-Präsentation, die das Ziel hatte, Leitermans Handschrift mit den Worten »Muskegon« und »Mixer« in Verbindung zu bringen, die auf das Titelblatt eines Telefonbuchs gekritzelt waren, das man in einer Telefonzelle in der juristischen Fakultät an der Uni einen Tag nach Janes Ermordung gefunden hatte. Ein Graphologe des Staates entnahm den Großteil von Garys Schriftproben den Briefen, die er aus dem Gefängnis an seine Familie geschrieben hatte, sowie aus dem »Gefühlstagebuch«, das man ihm während seines Drogenentzugs im Jahr 2002 zu schreiben auferlegte.

Die erste Schriftprobe erschien auf der Leinwand:

> Die Vorbereitungen begannen im Januar, als wir

> Liebe Fritzi

Die nächste war lyrischer, auch wenn sie gekürzt war:

Mir gegenüber hat sie

Ich erinnere mich deutlich an Saline seit meines

ersten

Bring den Regen

Es gibt eine Schlucht in der Zeit

Er war nur ein einziger Mann

Sehr einsam

Die nächste Schriftprobe wich von diesem minimalistischen Modell ab und war eine chaotische Collage, in der das Wort »WÜTEND« ungefähr fünfzig Mal vorkam, oftmals heftig unterstrichen. Viele der Sätze bezogen sich auf ein weibliches Objekt der Unzufriedenheit, wie etwa *Ich war so* WÜTEND *auf sie*. Weitere hervorstechende Fragmente:

Wenn es zu weit geht …

Im Innern *überschäumend* vor Wut

Leitermans Anwalt erhob sofort Einspruch mit dem Argument, das projizierte Material beeinflusse die Geschworenen. Der Richter gab dem Einspruch statt, erlaubte jedoch mit der Präsentation fortzufahren, nachdem er die Jury instruiert hatte, das gänzlich Unmögliche zu vollbringen, nämlich die Worte auf der Leinwand zu ignorieren und stattdessen ausschließlich auf ihre i-Punkte zu achten, auf Grundlinien, die Haltung des Stifts und den Stiftansatz. Doch es schien mir so, als wären die Geschworenen gefesselt von dem Charakter, der auf der Leinwand offenbart – oder konstruiert – wurde. Auch ich. Der »Gary«, der dort erschien, war nachdenklich und zornig.

Während wir später am Tag darauf warteten, dass unsere Egg-and-Cheese-Sandwiches vom Grill des Coffeeshops im Gerichtsgebäude kamen, plauderte ich mit einem Detective der Michigan State Police über den erdrückenden Subtext der Handschriften-Präsentation. Er lächelte schelmisch. *Ja, das war ziemlich gemein von uns. Aber wenn man bedenkt, wie wenig Informationen wir über Gary einbringen durften, dann bin ich froh, dass wir einen Weg gefunden haben,* überhaupt irgendwas *über seinen Charakter rüberzubringen.*

Ich war ebenfalls froh. Auch wenn ich nicht sagen kann, was jenes »irgendwas« war. War es die Tatsache, dass Gary eine Menge Wut mit sich herumträgt? Macht ihn das mit größerer Wahrscheinlichkeit zum Mörder von Jane? Tun dies die Polaroidfotos der Austauschstudentin? Seine so genannte »sexuelle Störung«? Sein angebliches Befummeln einer Krankenschwester auf der Fahrt in einem Bus? Seine Schmerzmittelabhängigkeit? Sein Streichelfuchs?

DICHTERISCHE FREIHEIT

Die Dichterin in mir mochte diese kleinen Handschrift-Collagen vielleicht geliebt haben, doch die Tagebuchschreiberin in mir war entsetzt. Die intimsten Gedanken von der Polizei beschlagnahmt zu bekommen, sie in belastende Einzelteile zerstückelt zu sehen und auf einen Bildschirm für alle sichtbar projiziert zu bekommen, auf dass sie später im Staatsarchiv landen – das ist nichts Geringeres als ein kafkaesker Albtraum.

Gleichzeitig ist es auch eine treffende Art, zu beschreiben, was ich mit Janes Tagebüchern in *Jane* gemacht habe. Beim Abendessen hatte ich dem Produzenten von CBS gesagt, ich hätte Janes Tagebücher verwendet, um sie selbst zur Sprache kommen zu lassen. Das war die Wahrheit. Doch auch ich wählte Wörter aus, nach meinem Ermessen, schnitt sie auseinander und setzte sie für meine eigenen Zwecke neu zusammen. *Dichterische Freiheit*, nennt man das.

Vor Jahren, allein zu Hause, etwa vierzehnjährig, stieß ich in einem Schränkchen im Schlafzimmer meiner Mutter auf eine weiche, speckige Lederaktentasche. Es war ein Nachtschränkchen, etwa dreißig Zentimeter entfernt von der Dschungelmachete meines Stiefvaters. Sofort erkannte ich die Aktentasche als die meines Vaters. Sie war gefüllt mit gelben Legal Pads, ich nahm sie heraus und fing an, darin zu lesen. Schnell stellte ich fest, dass diese Notizblöcke ungefähr während des letzten Jahres seines Lebens als seine Tagebücher gedient hatten.

Die Tagebücher der Toten erscheinen mir nicht unantastbar, die der Lebenden schon. Vielleicht sollten es beide sein, ich weiß es nicht. Alles, was ich weiß, ist, dass ich weder Ehrfurcht noch Unrecht empfand, diese Seiten zu lesen. Nur Neugier – und Traurigkeit.

Darin fand ich heraus, dass mein Vater von der Affäre meiner Mutter mit dem Hausanstreicher erfuhr, als er in ihrem Tagebuch las. Darin las er, dass sie das erste Mal miteinander geschlafen hatten, nachdem sie zusammen einen Rundflug mit einem Segelflieger gemacht hatten; ein Flug, der meinem Vater damals seltsam vorgekommen war.

Als ich dies las, rückte der damalige Tag sofort in meinen Fokus. Ich war etwa sieben, vielleicht acht Jahre alt. An jenem Abend waren wir alle zusammen essen gegangen, in die Peppermill, eines von Emilys und meinen Lieblingsrestaurants. Emily und ich mochten die Peppermill, weil sie einen kleinen Teich in der Nähe der Bar hatte, über dessen Wasser auf wundersame Weise Feuer schwebte, und die Kellnerinnen sahen aus wie die drei Engel für Charlie, trugen lange, lachsfarbene Abendkleider. Die Hamburger wurden mit pinkfarbenen Plastikstäbchen in Form von Miniaturkühen serviert, die in winzigen, roten Buchstaben ankündigten: ENGLISCH, MEDIUM oder DURCHGEBRATEN.

Unsere Eltern stritten nur selten; überhaupt habe ich sie nur selten zusammen gesehen. Doch an jenem Abend hatte es einen Streit gegeben; und er hing zusammen mit diesem Segelflugzeug.

Ich las seine Tagebücher einmal, an diesem Nachmittag, und habe sie danach nie wieder gesehen. Ich gestand, sie gefunden zu haben, als wir in einer Familientherapiesitzung waren – einer von den wenigen Versuchen, die meine Mutter unternommen hatte, unseren neuen »Familienverbund« davor zu bewahren, außer Kontrolle zu geraten –, und obwohl meine Mutter und ihr Ehemann im Gesprächszimmer Verständnis vorspielten, habe ich, sobald wir draußen waren, Hausarrest bekommen, weil ich geschnüffelt hatte. Während derselben Sitzung hatte Emily die Stehlampe im Zimmer umgeworfen, war aus dem Büro gestürmt und wurde erst später wiedergefunden, musste anschließend aus ihrem Versteck zwischen zwei geparkten Autos in der Tiefgarage herausgelockt werden, bevor wir nach Hause fahren konnten. Als ich das nächste Mal nach den Legal Pads schaute, waren sie verschwunden.

Ich erinnere mich nur noch an einige wenige Fragmente.

Er sprach von mir als »das Rackerchen« und beschrieb mich als fröhlich.

Er beschrieb Emily als still und empfindlich und schrieb, er sei besorgt um sie.

Er vermisste die Brüste meiner Mutter.

Er hatte vor kurzem die Dienste einer Prostituierten genossen, als er geschäftlich in Japan war, und es hatte ihm besonders gefallen, wie sie sich nach jeder Aktivität mit einem Kuss seinem Penis widmete, auf eine Weise, die er sowohl als zärtlich wie auch als diskret empfand.

Selten gestattet sich der Mann, nachgiebig oder sexuell passiv zu sein und der Frau beim Sex die aktive Rolle zu überlassen, schrieb mein Vater in einem Essay mit dem Titel »Du glaubst also, du willst ein Mann sein?« – ein Essay, der mit einigen anderen seiner Texte von seinen Freundinnen und Freunden in einem kleinen Buch gesammelt wurde, als er gestorben war.

»Du glaubst also, du willst ein Mann sein?« beginnt so:

Die ersten 37 Jahre meines Lebens glaubte ich, ich hatte Glück gehabt, ein Mann zu sein. Schließlich hatten Männer die besten Berufe, verdienten am meisten Geld, hatten größere Freiheiten, sich ihre Karrieren auszusuchen, hatten zu Hause Frauen als Kameradinnen und Liebhaberinnen, und sie fühlten sich wegen dieser und anderer Gründe Frauen gegenüber im Allgemeinen überlegen … Meine Frau pflegte zu sagen: »Bruce, warum bist du immer so glücklich? Wirst du niemals niedergeschlagen oder wütend? Du verpasst wirklich wichtige Gefühle; du verpasst einen Teil davon, was es heißt, ein lebendiges, menschliches Wesen zu sein!« »Aber Barbara«, antwortete ich ihr, »ich *bin* glücklich. Warum sollte ich so tun, als hätte ich alle diese Gefühle, wenn ich sie einfach nicht habe? Was ist so verkehrt daran, 75 % der Zeit einfach glücklich zu sein?«
Vor einem Jahr wurde mir der Boden unter den Füßen weggezogen. Meine Frau wollte sich scheiden lassen. Sie liebte einen anderen Mann. Auf ihren Wunsch hin trennten wir uns, und sie reichte die Scheidung ein. Was konnte ich tun? Wo konnte ich mir Hilfe suchen? Gefühle, die für mich neu waren, überwältigten mich: Schock, Trauer und Verlust beherrschten mich Tag und Nacht. Ich fühlte mich hilflos … Warum weinte ich?

Anschließend füllt er mehrere Seiten mit dem Zitieren von Statistiken über die verschiedenen »Gefahren, ein Mann zu sein«. Die Wahrscheinlichkeit ist bei Männern um 143 Prozent höher als bei Frauen, Opfer eines schweren Unfalls, 400 Prozent Mal höher, Opfer eines Mords zu werden. Frauen versuchen vier Mal häufiger als Männer, sich umzubringen, doch Männer sind tatsächlich drei Mal so erfolgreich dabei, und so weiter. Doch als der ewige Optimist, der er war, beendet er den Text wie folgt:

> Ich war nie ein Mensch, der Gefallen an Empfehlungsschreiben empfand, und ich werde Ihnen deshalb die Details ersparen. Erinnern Sie sich daran, dass die Einführung zu diesem Text Bruce Nelson als einen von Trauer geplagten Mann zeigte, der einsam war und Hilfe brauchte, ohne zu wissen, wo er sie sich holen konnte. Das liegt ein Jahr zurück. Ich wandte mich an meine männlichen Freunde, und die Art und Weise, wie sie für mich da waren, übertraf meine Erwartungen um ein Vielfaches ... Ich verstand, dass ich während der letzten paar Jahre nur zur Hälfte am Leben gewesen war. Die Energie, die ich gewonnen habe, weil ich das gesamte Spektrum erfahren durfte, war in der Tat sehr hoch.

Eines Abends, nachdem er Emily und mich ins Ballett mitgenommen hatte, um den *Nussknacker* zu sehen, entwirrte er zwei Rollen Toilettenpapier, wickelte ihre Enden um seine Hände und sprang durchs Zimmer als eine wilde Verkörperung des »Bändertänzers«.

Er mochte es, ohne Vorwarnung eine Richard-Nixon-Maske überzuziehen und Emily und mich durchs Haus zu jagen, während er schrie: *Ich bin kein Gauner, ich bin kein Gauner.*

Er sang »Duke of Earl« in einem irren Falsett, und oftmals rief er lauthals sein persönliches Mantra *Ich bin unsterblich, bis sie mir das Gegenteil beweisen!*

Er lernte, im Jahr vor seinem Tod, wie man weint. Ich sah ihn dabei.

DAS ENDE DER GESCHICHTE

Während des Prozesses lerne ich das Vorgehen von Detectives am Tatort eines Mordes kennen: Nach Ankunft am Tatort beginnen sie mit ihrer Spurensuche ganz weit weg von der Leiche und arbeiten sich langsam zu dem Körper vor, um sicherzugehen, dass nichts vergessen oder verwischt wird, sie machen Fotos und sammeln die Beweise in ausgedehnten, konzentrischen Kreisen.

Vor mehreren Jahren, während der Arbeit an *Jane*, fragte ich meine Mutter, ob sie der Meinung sei, dass ich um meinen Vater getrauert habe. Ich weiß nicht, warum ich glaubte, dies wäre etwas, das sie wissen könnte. Doch wenn ich zurückdenke an die Jahre nach seinem Tod und versuche, mich in diesen Jahren zu verorten, habe ich das Gefühl, ich prüfte ein Foto, auf dem ich zu sehen sein sollte, allerdings nicht zu finden bin. Mir kommt der Gedanke, dass sie, weil sie mich aufwachsen gesehen hat, vielleicht etwas bemerkte, was mir verschlossen blieb.

Kurz nach dem elften September 2001 besuchten einige Spieler der Yankees die Feuerwache neben der Bar in Downtown Manhattan, wo ich arbeitete. Sie waren vorbeigekommen, um für all die Kinder, deren Väter im Dienst der Feuerwehr in den Türmen des World Trade Center gestorben waren, Spielbälle zu signieren. Unsere Wache, wie wir sie nannten, hatte elf Männer verloren. Viele von ihnen kamen regelmäßig in die Bar. Ich ließ alles stehen und liegen und ging nach draußen, um den Yankees zuzuschauen, wie sie mit den Jungs auf der Straße Baseball spielten. Die Luft war noch voll von dem widerlichen Gestank des Todes und des geschmolzenen Stahls.

Die Jungs waren euphorisch. Keiner von ihnen war älter als zehn oder elf. Sie schrien, klatschten sich mit den Spielern ab, rannten Bällen hinterher, die den Rinnstein entlangrollten, und setzten die signierten Yankees-Mützen auf, die ihnen die Spieler mitgebracht hatten. Es war unmöglich, zu vergessen, dass jeder von ihnen gerade seinen Vater verloren hatte. Der Verlust war erst einige Wochen her; sie konnten noch keine Ahnung davon haben, wie er ihr Leben verändern würde. Während ich ihre kleinen Körper beobachtete, fragte ich mich, wo genau in derartig kleinen Gefäßen die Trauer beherbergt wird. Wenn ich sie nur lange genug ansah, vielleicht könnte ich es ja erkennen.

Die Szene war bittersüß, und letztlich unerträglich. Ich ging zurück an die Arbeit.

Natürlich hast du getrauert, antwortete mir meine Mutter.

Während ich aufwuchs, war ich über viele Jahre heimlich wütend auf unsere Mutter, weil sie Emily und mich an jenem Abend, an dem sie unseren Vater tot vorfand, nicht in sein Schlafzimmer gelassen hatte. Jeder hatte uns immer gesagt, dass er im Schlaf gestorben sei. Meine Mutter hatte uns allerdings gesagt, es habe so ausgesehen, als hätte er sich aufgesetzt, bevor er nach hinten gefallen war, und also musste er lange genug wach gewesen sein, um zu wissen, dass irgendetwas gerade schrecklich schiefging oder gerade schiefgegangen war in seinem Körper. In seinem Herzen. Vielleicht war er aufgewacht, hatte sich aufgesetzt und gedacht: *Oh Gott, was geschieht mit mir?* Vielleicht hatte er nach dem Telefon auf seinem Nachttisch getastet und gedacht: *Ich brauche Hilfe*. Oder vielleicht hatte er nach seiner Brille getastet und ein letztes Mal gedacht: *Was geschieht mit mir?* Hätte ich die Spuren dieses Tastens gesehen, hätte ich sagen können, wie lange er gelitten hatte. Ob er irgendwelche Schmerzen gehabt hatte. Was sein letzter Laut war. Sein letzter Gedanke. Am unteren Ende der Treppe, hinter der geschlossenen Tür zu seinem Schlafzimmer, lag ein Geheimnis, das mir zu Unrecht verborgen blieb. Wenn mir der Zugang dazu gewährt worden wäre, wären meine Traumtagebücher der nächsten zwanzig Jahre nicht mit unvollkommenen Auferstehungen gefüllt gewesen.

Dad ist wieder lebendig, und er sagt, er wäre all die Jahre bloß in einem Koma gewesen. Er legt dar, dass er sich nach der Scheidung betrunken habe und eine riesige Menge Antidepressiva genommen habe und irgendeine mystische mexikanische Droge und dass er deshalb im Koma war. Er sagt, einige Leute einer Entzugsklinik hätten ihn zu sich genommen und ihn niemals aufgegeben, hätten jahrelang seinen Körper unter Beobachtung gestellt und darauf gewartet, dass er sich regt. Ich empfinde eine enorme Erleichterung, auch wenn ich mich etwas schuldig fühle, dass ich ihn aufgegeben hatte, und ich bin auch etwas wütend, dass er so lange gebraucht hatte, uns wiederzufinden. Dann erscheint meine Mutter und flüstert, glaub ihm nicht, nichts von dem, was er sagt, ist die Wahrheit, dein richtiger Vater ist tot.

Dad, erneut von den Toten auferstanden. Er trägt keinen Bart, und sein Gesicht ist weich, und unsere Beziehung hat etwas Sexuelles. Ganz nah an seinem Gesicht flüstere ich zu ihm – ich bin jetzt Doktorandin. Er sagt: Wirst du Ärztin oder Anwältin? Ich sage: Nein, Dad, ich werde Professorin. Er lächelt und nickt. Wir sprechen über alles, was in seiner Abwesenheit vor sich gegangen ist. Ich erzähle ihm vom Erdbeben von 1989; er berichtet mir von seiner Erinnerung an ein Erdbeben in Michigan, das passierte, während er Tennis spielte. Als er sagt, der Platz füllte sich mit Schutt, habe ich den Verdacht, dass er lügt. Es gibt keine Erdbeben in Michigan. Vielleicht ist das hier ein Hochstapler. Vielleicht ist mein richtiger Vater wirklich tot – oder an einem anderen Ort. Dann sagt er, dass er noch unsterblich sei, doch dass er jetzt gehen müsse. Er habe zu arbeiten. Ich denke, Ah ja, himmelsmäßige Jobs. Himmlische Jobs.

Meine Mutter war in jedem Fall verdammt. In erster Linie, weil sie am Leben war. Wäre sie diejenige gewesen, deren Leiche wir an jenem Abend gefunden hätten, wäre unsere Loyalität vielleicht in die andere Richtung ausgeschlagen.

Und ohne eine genauere Erklärung für einen tödlichen Herzinfarkt, aus heiterem Himmel mit vierzig Jahren, begann sich eine Geschichte, wie ein unsichtbares Gift, unter uns zu verbreiten: dass er nämlich buchstäblich an gebrochenem Herzen gestorben war.

Sie hat ihn umgebracht, habe ich Emily mit einem Achselzucken zu ihren Freundinnen auf dem Schulhof sagen hören.

Auch ich habe diese Geschichte geglaubt. Doch allmählich, als die Jahre vergingen, wurde mir klar, welch ein Irrtum darin lag. Abgesehen von der medizinischen Fragwürdigkeit ließ die Geschichte auch außer Acht, dass mein Vater, kurz bevor er starb, auf einer Glückswelle gesegelt war. Er war aufgeblüht, wie es heißt. Und nach ein oder zwei Jahren scheinbar freudiger Promiskuität erwog er zur Zeit seines Todes, erneut zu heiraten. Eine Frau mit dem Namen Jane.

Ich hatte gehofft, dass die vergangenen Jahre meine Mutter von der Bürde, die auf ihren Schultern lastete, befreit hatten, so wie ich auch gehofft hatte, dass ich irgendwann damit aufhören könnte, mich in immer beschissenere Situationen zu manövrieren, um eine Sache richtigzustellen, die einfach falsch bleiben musste. Dann, eines Nachmittags, bei einem Besuch zu Hause in Kalifornien inmitten der zweiten Scheidung meiner Mutter, hörte ich einen wilden Streit zwischen ihr und meinem baldigen Exstiefvater mit an. Er versuchte, sein ehebrecherisches Verhalten zu rechtfertigen, indem er sie daran erinnerte, dass sie einst zusammen Ehebruch begangen hatten. Von meinem Platz im Gästezimmer aus konnte ich hören, wie sie ihn anzischte: *Du weißt ganz genau, dass ich dafür mit Blut bezahlt habe.*

Ich wusste, dass sie von meinem Vater sprach, zwanzig Jahre danach. Und in jenem Moment stellte ich mir vor, wie ich aus dem Haus stürmte, in Richtung Highway rannte, den ersten vorbeifahrenden Wagen anhielt und die Fahrerin anbettelte, mich mitzunehmen, so weit weg wie möglich, raus aus dieser Geschichte.

Meine Mutter unterrichtet Literatur. Sie hat jeden Roman unter der Sonne gelesen. Sie schrieb ihre Masterarbeit an der San Francisco State University über *Mrs Dalloway*, während sie mit Emily schwanger war. Als Gratulation für einen Gedichtband, den ich vor Jahren veröffentlicht hatte, schickte sie mir eine Karte, in der geschrieben stand: *»Wir erzählen uns Geschichten, um zu leben.« – Joan Didion.* Damals wohnte ich in einem Kämmerchen am St. Mark's Place in New York, und ich heftete die Karte an die zerbröckelnde Zimmerwand, um mich an ihre Unterstützung zu erinnern, an ihr Wohlwollen.

Je mehr ich jedoch auf diese Karte guckte, desto beunruhigender wirkte sie auf mich. Meine Gedichte erzählten keine Geschichten. Ich war unter anderem deshalb Dichterin geworden, weil ich keine Geschichten erzählen wollte. Ich fand, dass uns Geschichten vielleicht befähigen zu leben, uns aber gleichzeitig auch gefangen halten, uns unfassbare Schmerzen zufügen. In ihrem Wettlauf darum, im Sinnlosen einen Sinn zu finden, verzerren sie, sie lassen aus, verschlüsseln, tadeln, verherrlichen, begrenzen, verraten, mythologisieren – und wer weiß was sonst noch alles. Dies war mir immer vorgekommen wie ein Grund zur Klage, kein Grund zur Freude. Sobald eine Schriftstellerin oder ein Schriftsteller anfängt, vom »menschlichen Bedürfnis nach Erzählung« zu sprechen oder von der »archaischen Macht des Geschichtenerzählens«, habe ich meistens das Bedürfnis, aus dem Auditorium zu stürmen. Sonst schießt mir das Blut in den Kopf und fängt an zu kochen.

Ich bin der festen Überzeugung, dass die Geschichte über den Kampf und die Hoffnung Ihrer Familie von großer Bedeutung für unser Publikum sein wird, schrieb mir der junge Produzent von CBS. Von welcher Geschichte sprach er?

Das Paradigma der fehlerhaften Familiengeschichten war für mich immer das des Ablebens meines Großonkels Don gewesen, der vor Jahren in Michigan an MS gestorben war. Ihn zu besuchen, als ich ein kleines Kind war, machte mir schreckliche Angst: Nach einer Tracheotomie lag er reglos in seinem Bett und begrüßte uns in heiseren Schwingungen, die auf geheimnisvolle Weise durch ein dunkles Loch in seinem Hals verstärkt wurden. Wann immer ich jemanden fragte, was mit Onkel Don passiert war, dass ihm dieses Loch in den Hals geschnitten werden musste und er ans Bett gefesselt war, bekam ich stets die gleiche Antwort: *Es hat alles damit angefangen, dass Onkel Don am Strand in ein Stück Glas getreten war. Danach war er nicht mehr derselbe.* Ich brauchte Jahre, um zu verstehen, dass nicht das, in was er trat, seine MS verursacht hatte, auch wenn dieser Tag am Strand eine Art Veränderung seines Zustands bedeutet haben mag. Doch bis zum heutigen Tag ist die Verbindung zwischen diesem Stück Meeresglas und seiner letztendlichen neuromuskulären Kernschmelze in der Familiengeschichte festzementiert.

Während des Winters meines Mordgemüts in Middletown hielt ich an der Universität ein Seminar über »Erzähltheorie«. Ich ignorierte den vorgegebenen Lehrplan und ließ die Studierenden Beckett lesen, zusammen mit einem Essay über Hirnschäden, und dann Hausarbeiten über die wirbelnde Auflösung des Geschichtenerzählens in *Endspiel* schreiben. Einige schienen den Sinn darin nicht zu erkennen – vorausgesetzt, es gab einen – und schrieben Arbeiten nach dem Motto: *Wenn Hamm und Clov nur imstande gewesen wären, zusammenhängende, zielgerichtete Geschichten zu erzählen, wären sie vielleicht langfristig glücklich geworden.* Ich war brutal mit diesen Arbeiten. Mehrere Studierende beschwerten sich, ich wäre ungewohnt feindselig gegenüber ihren Ideen gewesen.

»*Nichts ist komischer als das Unglück*«, zitierte ich als Antwort und spürte einen vagen, pädagogischen Sadismus zum Vorschein kommen, der für die aktuelle Situation offensichtlich unangemessen war.

[I]ch mache es real, indem ich es in Worte fasse, schrieb Virginia Woolf. *Erst indem ich die Erfahrung in Worte fasse, mache ich sie zu etwas Ganzem; diese Ganzheit bedeutet, daß sie die Macht verloren hat, mir weh zu tun; es ist mir, vielleicht weil ich, indem ich es tue, den Schmerz zum Verschwinden bringe, eine große Freude, die verstreuten Teile zusammenzufügen. Vielleicht ist das die Größte Freude, die ich kenne.*

Wie konnte es dazu kommen, dass sie am Boden des Flusses Ouse endete?

Ich weiß, ich will etwas Unmögliches. Wenn ich meine Sprache glatt genug machen kann, genau genug, wenn ich jeden Satz sauber genug abspülen kann, als würde man einen Stein im Flusswasser immer wieder waschen, wenn ich den richtigen Barsch oder Spalt finde, von wo ich alles aufzeichnen kann, wenn ich mir genügend weißen Raum verschaffen kann, dann könnte es mir vielleicht gelingen. Ich könnte dir diese Geschichte erzählen, während du dich aus dieser Geschichte entfernst. Ich könnte – es könnte alles – einfach verschwinden.

Foto #5:
Janes Gesicht im Profil, befleckt durch zwei Spuren dunklen Bluts, das aus der Schusswunde in ihrer linken Schläfe rinnt. Ein Blutbach verläuft kerzengerade die linke Seite ihrer Wange herunter; der andere strömt aus derselben Quelle, verläuft jedoch in einer Diagonale über ihre Wange zu ihrem Mund hin. Zwei backsteinrote Blutspuren, die gerinnen oder bereits geronnen sind, auf Janes weißer Wange. Dies ist das Bild. Dies ist, was zu sehen ist.
Doch, wie der Gerichtsmediziner darlegt, erzählt dieses Foto bei genauerer Betrachtung eine weitere Geschichte. Sie alle tun das.

Diese hier legt nahe, dass Jane aufrecht gesessen haben muss, als sie starb, und dass der erste Schuss sie in die linke Schläfe traf.
Die Schwerkraft hätte das Blut aus der ersten Schusswunde ihr Gesicht herunterlaufen lassen müssen. Dann, nach Verlust des Bewusstseins, wäre ihr Kopf nach vorn auf ihre Brust gesackt und hätte den Blutfluss verändern müssen. Daher die zweite Spur, die auf ihren Mund zuläuft.
Niemand weiß, wo genau Jane gestorben ist. Doch durch dieses Foto kann man sich vorstellen, dass sie aufrecht auf dem Beifahrersitz eines Autos gesessen hat, neben einem rechtshändigen Mörder, der zuerst in ihre linke Schläfe und anschließend unten links in ihren Schädel schoss. Ich vermute, um sicherzugehen, dass sie tot war. Und sie anschließend zu erwürgen. Ich vermute, um sehr *sicherzugehen.*
Es gibt keine Abwehrverletzungen. Keine Anzeichen eines Kampfes. Er – Gary oder wer auch immer – befahl ihr wahrscheinlich, sich nicht zu bewegen. Vermutlich starb sie totenstill, der Abzug einer .22er gegen ihre linke Schläfe gedrückt, in unvorstellbarer Todesangst, einen einfachen Gedanken denkend:
Bitte bring mich nicht um.
Dies ist eine Geschichte, die das Bild erzählt.

Am 20. April 1970 verließ der Dichter Paul Celan sein Haus in Paris, ging zu einer Brücke über der Seine und stürzte sich in den Tod. Auf seinem Schreibtisch hinterließ er eine aufgeschlagene Hölderlin-Biografie, in der die folgenden Worte unterstrichen waren: *Manchmal wird dieser Genius dunkel und versinkt in den bitteren Brunnen seines Herzens.*

Der Satz endet nicht dort. Celan entschloss sich, den Rest

des Satzes nicht zu unterstreichen: *meistens aber glänzet sein apokalyptischer Stern Wermut wunderbar.*

Einige Jahre nachdem ich die Karte von meiner Mutter erhalten hatte, las ich Didions zwischen 1968 und 1978 verfassten Essay »Das weiße Album«. Ich wusste, er fängt an mit dem Satz *Wir erzählen uns Geschichten, um zu leben.* Ich war überrascht, als ich feststellte, dass der Essay schon zu Beginn des zweiten Absatzes anfing, eine andere Richtung einzuschlagen: *Jedenfalls machen wir das für eine Weile so.* Die folgenden Seiten berichten von einem Zusammenbruch – Didions eigenem und dem ihrer Kultur. Der Text schließt mit den Worten: *das Schreiben hat mir bisher nicht geholfen, den Sinn zu verstehen.*

Ich bin sicher, dass meine Mutter nicht wusste, wie der Essay endet. Sie entschloss sich, mir den Anfang zu schenken.

IM OPFERRAUM

Im Jahr 1983 band sich die Performance-Künstlerin Linda Montano ein zweieinhalb Meter langes Seil um die Taille, dessen anderes Ende um die Taille des Performance-Künstlers Tehching Hsieh gebunden war, und die beiden lebten ein Jahr lang auf diese Weise zusammen, ohne sich zu berühren.

Am Morgen des 22. Juli 2005 muss ich an Montano und Hsieh denken, während ich mit meiner Familie im so genannten *Victim Room*, dem Opferraum, sitze, nachdem die Geschworenen den Gerichtssaal verlassen haben, um sich zu beraten. Eine Rechtsanwältin für Opferhilfe namens LeAnn hat uns einen Piepser gegeben, der blinken und vibrieren soll, sobald das Urteil feststeht. Wenn er blinkt und vibriert, haben wir ungefähr drei Minuten, um uns im Gerichtssaal einzufinden. Der Richter wird nicht auf uns warten – aus Respekt gegenüber dem Angeklagten soll das Urteil, sobald es von den Geschworenen gefällt ist, so schnell wie möglich verkündet werden.

Hier ist also das Performance-Stück: Alle in meiner Familie, die es geschafft haben, sich für das Urteil nach Ann Arbor zu begeben – mein Großvater, meine Mutter, mein Onkel und seine Frau, der neue Freund meiner Mutter, Emily und ich – müssen nun, um diesen Piepser gedrängt, zusammenbleiben, nicht mehr als drei Minuten vom Gericht entfernt und auf unbestimmte Zeit – Hiller sagt, diese könne sich auf alles zwischen vierzig Minuten und einer Woche belaufen.

Jenseits der Trinität bestehend aus meiner Mutter, Emily und mir sind wir keine außergewöhnlich eng verbundene Familie. Vor diesem Tag hat niemand, inklusive meiner Person, den neuen Freund meiner Mutter kennengelernt. Doch jetzt müssen wir uns alle wie eine Masse bewegen, eine Herde, die zusammen ins Café des Gerichtsgebäudes geht und acht Truthahn-Club-Sandwiches bestellt, eine Herde, die diese Sandwiches isst, während sie um einen Tisch im Opferraum gekauert sitzt, der sich im obersten Stockwerk des Gerichtsgebäudes befindet und gefüllt ist mit Spielkarten, Spielzeug, Ledersofas und monatealten Ausgaben der *New York Times*.

Leitermans Familie wird kein Opferraum angeboten. Sie haben auch keine Rechtsanwältin für Opferhilfe namens LeAnn und auch keinen Piepser. Sie müssen auf das Urteil direkt vor dem Gerichtssaal warten, sitzend, hockend und schlafend, entweder im Korridor oder auf einer wackligen U-förmigen Couch neben einer Reihe von Verkaufsautomaten.

Mir wird klar, dass dieses Performance-Stück anstrengend werden wird. Wenn es eine Woche lang andauert, ist es vielleicht nicht zu ertragen. Zuerst versuche ich auf einer Couch zu schlafen in der Hoffnung, einige der ersten Stunden mit Bewusstlosigkeit totzuschlagen. Als mir das nicht gelingt, unternehme ich einen erfolglosen Versuch, einen Notausgang ein paar Türen weiter zu öffnen, der aussieht, als könnte er zum Dach führen, da ich denke draußen vielleicht schnell eine zu rauchen. Meine Mutter, Emily und mein Großvater beschäftigen sich mit einer Partie Gin Rommé nach der anderen. Der neue Freund meiner Mutter verlässt für zehn Minuten mutig die Herde, um draußen in der Sommerschwüle eine aktuelle *New York Times* zu kaufen. Mein Onkel schläft seelenruhig auf der Couch, und der Piepser liegt auf der nackten Haut seiner Taille, damit er ihn weckt, wenn er zu vibrieren anfängt.

Schroeder schaut gelegentlich im Opferraum vorbei, so wie auch das Team von Detectives, die wir als PJ, Denise, Bundshuh und Ken Rochell kennengelernt haben. Im Raum ist nicht genug Platz für uns alle, also müssen sie auf den kleinen Stühlen und Hockern balancieren, die eigentlich für Kinder bestimmt sind; ihre unförmigen Körper quellen über die bunten Plastiksitzflächen. Sie erzählen uns ein wenig über ihre Ermittlungen, die, ohne unser Wissen, während des gesamten Prozesses angedauert haben. Scheinbar hat Ruelas vor Tagen Kontakt mit PJ und Bundshuh aufgenommen und ihnen neue Informationen versprochen. Unter dem Vorwand ähnlicher Versprechungen hat Ruelas auch Leitermans Anwalt angerufen. Die Detectives sprechen von Ruelas als »Satan« und formen mit ihren Händen kleine Teufelsohren, wenn sie über ihn reden. *Ich habe noch nie jemanden mit schwärzeren Augen gesehen,* sagt PJ kopfschüttelnd. Sie sagen, es wäre unethisch, ihn in den Zeugenstand zu rufen, da er ein pathologischer Lügner sei. Sie sind überzeugt, dass er nichts weiß und nur nach einer Gelegenheit sucht, um freizukommen.

Die Stunden gleiten voran. Am Ende der vierten fragt mein Großvater den neuen Freund meiner Mutter, was er beruflich mache. Er sagt: *Stellen Sie sich ein imaginäres Objekt vor – einen Zylinder zum Beispiel – und drehen Sie es jetzt im Raum herum.* Die Erklärung trägt nicht weit. Als Nächstes versucht er es uns mit einem Kartentrick zu erklären. Nach dem Zufallsprinzip zieht er Spielkarten aus einem Set und fängt jedes Mal an, einen neuen Stapel zu legen, wenn er auf einen höheren Wert als den der vorherigen Karte trifft. Er macht dies mehrere Male und erklärt dann, dass die Gleichung, die bestimmt, wie diese Stapel sich wiederholen, dieselbe ist, die bestimmt, wie schnell eine Zigarette abbrennen wird.

Ihr neuer Freund ist theoretischer Mathematiker. Er selbst löst keine Gleichungen – er hat einen Partner, der das für ihn macht. Seine Aufgabe ist es, die richtigen Fragen zu stellen. Während er spricht, habe ich den Eindruck, dass wir uns in der Gegenwart eines großen Genies befinden und vielleicht in der Gegenwart universeller Wahrheiten, die größer sind als alle ungelösten Mordfälle zusammen.

Und wie bringt das die Welt weiter?, fragt die Frau meines Onkels amüsiert und hofft zweifellos, dass die Geschwindigkeit, mit der eine Zigarette abbrennt, irgendwie in Relation stehen könnte mit der Geschwindigkeit, in der ein Tumor metastasiert oder die Eiskappen der Arktis abschmelzen.

Tut es nicht, sagt er mit einem Lächeln und beginnt erneut, die Karten zu mischen.

In dem Moment klingelt Schroeders Handy, und wir alle hören die Stimme von Denise am anderen Ende: *Sie sind zurück.*

Unser Piepser hat nie gepiepst.

Abgesehen vom Mordgemüt ist das Schlimmste, was ich mir vorstellen kann, zur eigenen Hinrichtung gehen zu müssen. Filme, in denen solche Szenen gezeigt werden, verstören mich mehr als alle anderen Formen filmischer Gewalt. Nach Lars von Triers *Dancer in the Dark*, der damit endet, dass Björk ihrem Tod auf dem Galgen entgegensingt und -tanzt, konnte ich buchstäblich nicht das Kino verlassen. Ich dachte, dass ein Platzanweiser mich herauseskortieren müsste. Das hat etwas mit meiner tiefsitzenden Ablehnung der Todesstrafe zu tun, doch es geht deutlich darüber hinaus. Ich kann es einfach nicht ertragen, auf den Tod zugehen zu müssen und zu wissen, dass du dafür vielleicht nicht bereit bist. Dein Darm entleert sich, deine Beine werden zu Gummi.

Vielleicht ist dies ein Ausdruck dafür, dass ich die *conditio humana* nicht ertragen kann. *Das Leben ist, als steige man in ein Boot, das kurz davor ist, in See zu stechen und zu sinken,* sagen die Buddhisten. Und so ist es auch. Tibetische Buddhisten sprechen vom Tod als einem Moment der »schöpferischen Möglichkeit«, doch als eine Möglichkeit, für die man üben muss, um zu wissen, wie mit ihr umzugehen ist. Du musst üben, damit du – selbst wenn dir, zum Beispiel, plötzlich aus nächster Nähe in den Kopf geschossen würde oder sogar wenn zum Beispiel dein Herz mitten in der Nacht in deiner Brust explodieren würde – sofort bereit wärst zu gehen, durch den Bardo zu gehen. Ich weiß, dass ich nicht bereit bin, und ich habe schreckliche Angst, dass ich nicht rechtzeitig bereit sein werde. Wie kann ich bereit sein, wenn ich es nicht einmal versuche?

Den Tibetern zufolge ist natürlich das Schlimmste, was passieren kann, dass du als ein Hungergeist oder ein Höllenwesen zurückkehrst und noch einmal am Rad des Lebens drehen musst. Manchmal hört sich das gar nicht so schlecht an.

Wir hasteten die Treppen des Gerichtsgebäudes hinunter, den Korridor entlang und in den Gerichtssaal hinein, als meine Beine zu Gummi wurden. Ich habe keine Ahnung, warum. Mein Leben stand nicht auf dem Spiel, und – zumindest in theoretischer Hinsicht – auch nicht Garys Leben. Gott sei Dank gibt es in Michigan keine Todesstrafe. Für niemanden in meiner Familie war zukünftige emotionale Stabilität oder Wohlbefinden von einem Schuldspruch abhängig. Sechsunddreißig Jahre sind eine lange Zeit. Und während die Zeit in einigen Familien vielleicht den Wunsch nach »Gerechtigkeit« schürte, war das in meiner Familie nicht der Fall. Keiner von uns hat wirklich die Logik verstanden, nach der für ein Leben mit einem anderen »bezahlt« werden kann oder soll. In den vergangenen Monaten hatte ich meinen Großvater mehr als einmal sagen hören, dass er lieber einem freien Leiterman in die Augen sehen würde, der zugäbe, dass er seine Tochter getötet hatte, als dass Leiterman seine Unschuld beteuert und im Gefängnis vermodert. Im Laufe des Prozesses hatten meine Mutter und ich uns gegenseitig gefragt, ob Leiterman für Janes Mord »bezahlen« sollte (vorausgesetzt, er hat ihn begangen), indem er der beste Vater, Großvater, Softballtrainer fürs Mädchenteam, Krankenpfleger oder was auch immer wäre, der er zu sein in der Lage war – natürlich nur unter der Voraussetzung, dass er für niemanden mehr eine Gefahr darstellt. Schroeder und Hiller und eine Menge anderer sind allerdings der Meinung, dass er das definitiv tut. Ein gewisses 16-jähriges Mädchen irgendwo in Südkorea ist womöglich ähnlicher Ansicht.

Vielleicht wurden meine Beine wegen Leitermans Ehefrau Solly zu Gummi oder wegen ihrer Kinder, von denen eine Tochter hochschwanger zu sein schien. Oder wegen Schroeder, der sein Herz und seine Seele vollkommen in diesen Fall gesteckt hatte und der mir jetzt einen herzförmigen Handschmeichler zusteckt, den ich als Glücksbringer berühre, während die Geschworenen den Saal betreten.

In diesem Moment wird der Gerichtsdiener – bisher ein ziemlich fröhlicher Typ – plötzlich beängstigend ernst. Mit der Hand am Holster warnt er uns, dass er jeden, der während der Urteilsverkündung die kleinste Gefühlsregung zeigt, sofort aus dem Gericht entfernen wird. Er sagt, dass es für die Geschworenen eine außerordentlich schwierige Entscheidung ist, einen Angeklagten in einem Mordfall frei oder schuldig zu sprechen, und dass Unmutsäußerungen, egal auf welcher Seite, ihre Last nur noch vergrößern würden.

Als wir sitzen, erhebt sich der Sprecher der Geschworenen. Ohne viel Aufhebens sagt er, die Jury habe ein Urteil gefällt. Anschließend sagt er dem Gericht, dass sie den Angeklagten, Gary Earl Leiterman, des Mordes für schuldig befinden.

Der Richter dankt ihnen für ihren Dienst, und sie marschieren aus dem Raum. Sie hatten sich viereinhalb Stunden lang beraten, einschließlich der Zeit fürs Mittagessen.

Sobald sich die Tür hinter ihnen schließt, explodiert meine Familie in einen größeren Gefühlsausbruch, als ich es je für möglich gehalten hätte. Ein Blick auf meinen Großvater löscht vollständig meine bisherige Vorstellung seines Gemütszustands aus. Dies ist nicht das Gesicht eines zurückhaltenden, unnahbaren alten Mannes. Dies ist das Gesicht eines Vaters, der jetzt mit tierischem Schluchzen zusammenbricht. Abwechselnd halten wir seinen zerbrechlichen, einundneunzig Jahre alten Körper, der unter diesen Gefühlsschüben zusammenfällt. Es sind keine Schübe der Erleichterung, nur Schübe des Schmerzes, eines sehr alten Schmerzes, von dem er vielleicht selbst nicht wusste, dass er in seinem Innern hauste. Dann, zum ersten Mal seit ihrem Tod vor mehr als zwanzig Jahren, höre ich ihn den Namen meiner Großmutter sagen. *Marian sollte jetzt hier sein*, schluchzt er.

Ich versuche, nicht zu Leitermans Familie zu schauen. Ich weiß, dass sie am Boden zerstört sind. Es mag der »Gerechtigkeit« Genüge getan worden sein, doch in diesem Moment ist der Gerichtssaal nichts als ein Raum voller gebrochener Menschen, alle sind von ihrem ganz eigenen Kummer mitgerissen, und die Luft scheint beschwert durch diesen Kummer.

Während des Prozesses hatten meine Mutter und ich täglich über die Medienpräsenz im Gerichtssaal geklagt – über die völlige Unmöglichkeit, einen »privaten« Moment zu haben, wenn bei jeder dramatischen, aufwühlenden oder brutalen Wendung die Kameras auf unsere Bank schwenkten und unseren Schmerz mit Unsicherheit überlagerten. Doch in Jills Haus am Abend nach dem Urteil versammeln wir uns alle vor den Sechs-Uhr-Nachrichten mit einem unerklärlichen, geteilten Hunger danach, unser Erlebnis auf dem Bildschirm widergespiegelt zu sehen. Wir drängen uns ins Wohnzimmer und schalten eine Stunde zwischen den Kanälen hin und her in der Erwartung, dass über unsere Geschichte berichtet wird. Das geschieht nicht. Stattdessen zeigen die Sender zwei andere lokale Geschichten. Die eines dreijährigen Jungen, dem es irgendwie gelungen ist, im Lake Michigan Wasserski zu fahren – und die Verhaftung von Aretha Franklins Sohn, der versucht hat, in einem nahe gelegenen Vorort ein Fahrrad zu stehlen.

Am folgenden Abend reserviert mein Großvater für uns alle einen Tisch zum Abendessen im Spring Lake Country Club, wo er Golf spielt. Der Country Club liegt ein paar Stunden entfernt, westlich von Ann Arbor, in der Nähe von Muskegon, wohin Jane am letzten Abend ihres Lebens die Reise antrat. Einmal angekommen, nehmen wir Platz an einem Partytisch mit einem weißen Tischtuch, neben einem Glasfenster mit Blick auf den Golfplatz, der sich wegen eines aufkommenden Gewitters gerade leert. Wir bestellen Flunder in allen möglichen Variationen – die Spezialität des Clubs. Die Stimmung am Tisch ist schwer zu beschreiben – sollte jemand einen Toast aussprechen? Feiern wir? Wie können wir das bevorstehende erbärmliche Leben eines Mannes in einem erbärmlichen Gefängnissystem feiern? Während des Abendessens entschuldige ich mich und tue so, als ginge ich auf die Toilette, gehe aber stattdessen nach draußen. Ich laufe auf den Golfplatz zu, der jetzt vom tiefen Brummen eines Alarms erfüllt ist, der vor Blitzen warnt. Wo sind die Leitermans heute Abend? Was essen sie? Der Regen strömt über die grünen Hügel. Ich kämpfe gegen den Drang, mich auf das Gras zu legen, spüre, wie es an meinem Gesicht zu Schlamm wird.

Ein paar Wochen später, in einem unserer letzten Gespräche, erzählte mir der Mann, den ich liebte, dass er, als ich an dem Prozess teilnahm, während eines Gewitters in einem See schwimmen gegangen war und plötzlich das Gefühl hatte, dass es vielleicht unser Schicksal wäre, im selben Augenblick tödlich vom Blitz getroffen zu werden, und auf diese Weise würde das ganze schmerzhafte Chaos, in dem wir gerade gefangen waren, für uns beide im selben Augenblick verpuffen. Als er das sagte, drückte ich das Telefon fest an mein Ohr, als wollte ich seine Stimme in meine Gehirnmasse hineindrücken. Und erneut sah ich diese Fläche von nassem Grün und Schlamm und hörte das leise Summen eines Alarms.

Im ersten Morgenlicht nach dem Abendessen im Country Club fahre ich meine Mutter, ihren neuen Partner und Emily zum Flughafen von Detroit, damit sie zusammen nach Kalifornien zurückfliegen. Ich schaue zu, wie ihre Körper und ihr Gepäck mit einem einzigen Schnitt der Glasschiebetüren im Terminal verschwinden, lenke meinen Wagen vom Bordstein weg, fädele mich in die Schleife ein, die mich zurück auf den Freeway bringt, und fahre dann eine Weile gedankenlos weiter, bis mir einfällt, dass ich keine Ahnung habe, wo ich bin, und keine Ahnung, wohin ich will. Wie komme ich von hier nach Hause? Fahre ich Richtung Norden, durch Kanada? Versuche ich, Ohio zu finden? Ist Middletown zu Hause? Mein Geschirr, meine Kleider und Bücher sind dort, doch darüber hinaus ist es mir egal, ob ich jemals dorthin zurückgehe. Meine Arbeit ist dort getan; meine Liebe ist dort getan. Wenn ich an die Ostküste denke, sehe ich nur eine höhlenartige Dunkelheit, wie ein nächtliches Museum, durchsetzt mit Strahlen von bläulich weißem Licht, die Spuren von Tränen und Sperma, die einst in verschiedenen Schlafzimmern, Hotelzimmern, Alleen, Wäldern und Autos vergossen wurden.

Ich fahre auf der Standspur des Highways rechts ran und wühle in meinem Kombi nach meinem zerrissenen, veralteten Straßenatlas, von dem ich, als ich ihn schließlich gefunden habe, denke, er könnte ebenso gut in Kyrillisch sein. Es fühlt sich an, als stimmte etwas mit meinem Verstand nicht. Sollte ich nach Niagara Falls fahren? Montreal? Wie sieht's mit Akron aus – hatte mein Vater nicht einen jüngeren Bruder, der einst in Akron wohnte? Wo sind die anderen Geschwister meines Vaters, meine anderen Tanten und Onkel, die Emily und ich seit seiner Beerdigung vor über zwanzig Jahren weder gesehen noch gesprochen haben? Waren sie überhaupt zu dem Begräbnis gekommen? Waren seine Eltern da? Ich weiß, dass seine Mutter es nicht war – sie starb ein Jahr vor meinem Vater, mit sechzig. Aber war sein Vater da? Ich meine, er sei im Jahr darauf gestorben, ebenfalls jung, aber das sind alles nur Vermutungen. Woran sind sie gestorben? In meiner Erinnerung starb der Vater meines Vaters an Kummer – dem Kummer darüber, seine Frau verloren zu haben, dann seinen geliebten Sohn. Hat sich nicht einer meiner Cousins ein paar Jahre später mit Benzin übergossen und selbst verbrannt? Was ist aus ihm geworden? Warum konnte Jane nicht einfach selbst nach Hause fahren? Hatte sie einfach kein eigenes Auto? Hatten Frauen 1969 überhaupt Autos?

Ich lege meinen Kopf auf das Lenkrad und fühle, wie die Karosserie meines Autos von den vorbeifahrenden Autos erzittert. Meine Karte zittert in meinem Schoß. *Tödliche Fahrt.* Zittern. *Diese Reise, um ans Licht zu treten.* Zittern. *Morgen früh, wenn Gott will.* Zittern. *Rasch auf einen erfolgreichen Abschluss zubewegen.* Zittern. Ich fange an zu weinen. Es gibt keinen Ausweg.

HAUPTSENDEZEIT

Ein paar Wochen nach dem Ende des Prozesses – ich bin jetzt wieder zurück an der Ostküste – belade ich erneut mein Auto. Jeden Tag bringe ich ein paar weitere Dinge nach draußen, stopfe Vitamindosen ins Handschuhfach, stecke eine Flasche Whisky mit Decken in einen Korb, schiebe Töpfe und Pfannen unter die Sitze, bis langsam das Apartment leer und das Auto voll wird.

Oh California, will you take me as I am, strung out on another man, singt Joni Mitchell in einem Lied, das ich mein gesamtes Leben über gesungen habe. Ich habe dieses Lied schon gesungen, bevor ich überhaupt wusste, dass eine Welt außerhalb von Kalifornien existiert. Dann habe ich es fünfzehn Jahre lang jedes Mal gesungen, wenn die Räder des Flugzeugs aus New York City auf kalifornischem Boden aufsetzten. Normalerweise war ich tatsächlich *strung out on another man,* vollgedröhnt und abhängig von einem anderen Mann, auch wenn in meinem Herzen New York der einzige Mann war, derjenige, der mich euphorisch und unglücklich gemacht hatte, und das, obwohl ich niemals glaubte, dass ich genügend Mut hätte, zu gehen. Und jetzt, plötzlich, seltsamerweise, ging ich einfach. Ich ziehe nach Los Angeles. Es scheint mir geradeso gut wie jeder andere Ort. Ich habe keine Reiseroute geplant; mein Plan ist einfach, das Auto Richtung Westen zu steuern und mich dem Schicksal zu übergeben. Ein Teil von mir bezweifelt, dass ich je dort ankommen werde, und einem Teil von mir ist es einfach egal. Kalifornien, ich komme nach Hause.

Bevor ich gehe, lasse ich mich allerdings darauf ein, meinen letzten Tag in der Stadt damit zu verbringen, mich ein weiteres Mal für *48 Hours Mystery* interviewen zu lassen.

Es ist diesig und drückend heiß, ein sommerlicher Hundstag. Ich traf mich mit dem Kamerateam in einem leerstehenden Studioapartment in Soho, das durch schwarzes Krepppapier, welches über die Bogenfenster geheftet war, dankbar dunkel und kühl gehalten wurde. Ich genieße die kühle Luft und den kostenlosen griechischen Salat, den sie mir zum Mittagessen spendieren, aber das Interview selbst fällt mir nicht leicht. Es dauert Stunden, die Korrespondentin ist klug und stellt deutlich schwierigere Fragen, als ich erwartet hatte.

Einmal fragt sie mich, ob ich während der Arbeit an *Jane* jemals darüber nachgedacht hätte, warum Tötungsdelikte wie die Michigan-Morde oder der Mord an meiner Tante geschehen.

Spricht sie von Serienmord? Foltermord? Zufälligem Mord? Vergewaltigung mit Todesfolge? Einfach nur von alten, gewöhnlichen Männern, die Frauen töten?

Natürlich, sage ich und denke einen Lidschlag lang zurück an das furchtbare Buch *Sexualmord: Katathymische und zwanghafte Mordhandlungen,* das wie eine schmutzige Bombe den gesamten Winter über auf meinem Tisch im Ponderosa Room gelegen hatte. *Aber das scheint mir nicht die richtige Frage zu sein.*

Sie antwortet nicht, und so füge ich hinzu, *Das* »Warum« *scheint mir zu offensichtlich.*

Dann schießt sie sich darauf ein: *Wenn es so offensichtlich ist, dann sagen Sie es uns – warum tun sie es?*

Bedenken Sie: FRAGEN stellen keine Beweise dar, hatte uns der Richter zu Beginn des Prozesses unterrichtet. *Ausschließlich ANTWORTEN stellen Beweise dar.*

Die Antwort, die mir auf der Zunge liegt, ist eine schroffe: *Weil Männer Frauen hassen.* Doch das kann ich nicht im Fernsehen sagen, ohne wie eine tollwütige, Männer verachtende Feministin zu wirken, und außerdem ist es nicht das, was ich meine. James Ellroy kann es in *Die Rothaarige* sagen: *Alle Männer hassen alle Frauen aus triftigen Gründen, die sie Tag für Tag in Witzen und Hänseleien austauschen. Jetzt weißt du Bescheid. Du weißt, daß die halbe Welt dir verzeihen wird, was du gleich tun wirst. Sieh dir an, was für Tränensäcke die Rothaarige hat. Sieh dir die Schwangerschaftsstreifen an. Jetzt steckt sie sich diesen Fotzenstöpsel wieder rein. Jetzt saut sie deine Sitzbezüge mit Blut voll –*

Männer sind Tiere, sagte mir mein Großvater in meiner Kindheit so oft, dass ich mir langsam die Frage stellte, ob sich dahinter eine verschleierte, persönliche Beichte verbarg oder ob er lediglich eine Klage gegen die Gruppe aussprach, der er angehörte.

Die brutalsten Mörder töten nur aus einem einzigen Grund – zu ihrem eigenen Vergnügen, erklärt die Erzählerstimme aus dem Off zu Beginn von *Killing for Pleasure,* einer Sendung auf dem History-Channel, die ich ein paar Tage nach der Anhörung im Januar zufällig beim Zappen durch die Sender in der Wohnung eines Freundes entdecke und die zu meiner großen Überraschung unter anderem die Michigan-Morde behandelt. Mit einer Schwülstigkeit, die besser zu einer Antrittsrede des Präsidenten gepasst hätte, sagt die Erzählerstimme am Schluss, dass John Collins und die anderen Sexualmörder, von denen die Sendung handelte, trotz ihrer Unterschiede eines gemeinsam hätten: »die uralte Blutlust der Griechen und Römer«. Die letzte Einstellung zeigt das Kolosseum.

Was soll ich sagen? *Alle Männer hassen Frauen, Männer sind Tiere? »Im Wesentlichen ist die Erotik die Domäne der Gewalt, der Vergewaltigung«? »Wir leben in einer Gesellschaft, in der durch und durch furchterregende und schreckliche Menschen existieren«?* Oder ganz anders: *Herrje, ich habe keine Ahnung – wie kann ich denn verstehen, welch kranke, niederträchtige, monströse Dinge Menschen sich gegenseitig antun und sich scheinbar seit Menschengedenken angetan haben? Wahrscheinlich ist es auf »die uralte Blutlust der Griechen und Römer« zurückzuführen.* Beide Antworten entstammen einem Skript, einem Skript, aus dem ich herauswill, einem Skript mit zwei ähnlich langweiligen Enden – Zynismus oder Ungläubigkeit. Keines der beiden ist richtig, keines der beiden ist gut genug.

Bevor wir das Interview begannen, hatte ich die Korrespondentin vergeblich gefragt, ob sie der Meinung sei, ich solle etwas Make-up auflegen, damit ich vor der Kamera besser aussähe. Ich war ungeschminkt zu dem Termin gekommen in der Annahme, man würde mich anmalen.

Sie sagt mir, ich solle mir keine Sorgen machen – sie würden mich nicht filmen, wenn ich nicht gut aussähe.

Wir laufen zur Hauptsendezeit, sagt sie mit einem Augenzwinkern. *Keine Schwarzen, keine schlechten Zähne.*

Ich erstarre vor Entsetzen und versuche dann, auf den Witz einzugehen.

Nicht mal gutaussehende weiße Leute mit schlechten Zähnen?

Sie lacht, schüttelt den Kopf, rückt ihr Mikrofon zurecht.

Was ist mit gutaussehenden Schwarzen mit guten Zähnen?

Sie lacht noch einmal und signalisiert zur Kamera, dass wir bereit sind zu drehen.

Innerlich lache ich nicht. Sitze ich hier, damit Jane Mixer zusammen mit JonBenét Ramsey, Elizabeth Smart, Laci Peterson, Chandra Levy, Natalee Holloway dem Club der toten weißen Mädchen der Woche beitreten kann? Mädchen, deren Leben und Sterben, gemessen an der Sendezeit, anscheinend mehr zählen als alle getöteten, vermissten und leidenden dunkelhäutigen Menschen zusammen?

Ich sitze hier, weil ich wollte – und noch immer will –, dass Janes Leben »zählt«. Doch ich will nicht, dass es mehr zählt als die Leben von anderen Menschen.

Sitze ich jetzt, Monate später, hier in Los Angeles und schreibe all das auf, weil ich will, dass *mein* Leben zählt? Vielleicht schon. Doch ich will nicht, dass es mehr zählt als die Leben anderer Menschen.

Ich möchte mich daran erinnern oder lernen, wie man lebt, als ob es zählte, als ob sie alle zählten, selbst wenn sie es nicht tun.

Nach dem Interview fragt mich die Crew, ob ich sie auf eine kleine Tour durch die Stadt mitnehmen und ihnen einige Orte zeigen könnte, die mir während des Schreibens von *Jane* wichtig gewesen seien. In der Abenddämmerung landen wir vor dem Hauptgebäude der New York Public Library, wo ich auf den Stufen der großen Marmortreppe einige weitere Fragen beantworte. Um uns herum beginnt die Fifth Avenue zu brummen, eine träge, zähe Sommer-Rush-Hour. *Ja, hier bin ich zum ersten*

Mal in die Geschichte meiner Tante eingetaucht. Ja, hier begann ich, ihr tiefes Geheimnis auszuloten.

Die narzisstische Lust ist immens. Eine Geschichte, für die ich mich so lange allein interessierte, ist plötzlich von Interesse für ein Kamerateam. Jahre des Zwanges, der Verwirrung und der Verletzung fließen dort, auf den Stufen, im Lichte der Kamera, vor den Augen der neugierigen Passanten, plötzlich zu einer Geschichte zusammen. Und nicht zu irgendeiner Geschichte – zu einer »Geschichte über den Kampf und die Hoffnung«. Ich bin die Heldin dieser Geschichte; vielleicht bin ich sogar eine Meisterkriegerin.

Doch wie ich dort auf den Stufen stehe, fühle ich mich wie eine Hochstaplerin. In meinem Kopf rollen die Fragmente lose umher. Das Geschoss zertrümmerte vor langer Zeit den Knochen. Übrig ist nun nichts weiter als ein kleines Häufchen mit Bleisplittern, die in einem kleinen Gläschen klappern. Eine rauchende Kanone – den einen schlagenden Beweis – gibt es nicht.

Weder die Korrespondentin noch ich selbst konnten damals wissen, dass in nur wenigen Wochen Hurrikan Katrina über die Ufer von New Orleans brechen und CBS zwingen würde, mehrere Wochen lang die Sendung *48 Hours Mystery* ausfallen zu lassen und stattdessen die Gesichter von Abertausenden schwarzer Menschen mit schlechten Zähnen in die Hauptsendezeit zu katapultieren – Menschen, deren Verzweiflung und Verlassenheit durch den Staat augenblicklich und überdeutlich klarmachten, wie sehr ihre Leben zählten.

Später am Abend kehre ich zurück in das schicke Hotel im Meatpacking District, wo CBS mich großzügigerweise einquartiert hat. Ohne zu wissen, dass die Penthouse Bar des Hotels eine einzige Parade von betrunkenen Models, weißen Leinenanzügen und leuchtend blauen Cocktails für 18 Dollar war, hatte ich einige Freundinnen und Freunde eingeladen, um mich dort von ihnen zu verabschieden.

Die Bar ist zu laut für Unterhaltungen, und so geben wir letztlich auf, kauern auf unseren Barstühlchen und gucken den schönen Leuten zu, wie sie ihr Ding machen. Richtig amüsant wird es, als eine Gruppe chassidischer Männer Lapdances von einem Trio vollbusiger Blondinen bekommt. Irgendwann reißen die Blondinen den Männern die Kippas von den Köpfen und setzen sie sich selbst auf. Die Chassiden lachen sich schlapp und machen mit den Digitalkameras ihrer Handys Unmengen von Fotos von den halbnackten Frauen mit Kippa.

Life is a Cabaret, sagt eine meiner Freundinnen mit erhobenem Glas und zeigt mit der Hand auf die Szene. *Come to the Cabaret.*

Man kann auch unser Leben auffassen als eine unnützerweise störende Episode in der seligen Ruhe des Nichts, schrieb Schopenhauer.

Letztendlich nehme ich den Aufzug runter zu meinem Zimmer, wo ich mich zum Schlafen unter ein wandgroßes, gerahmtes Porträt von Kate Moss lege.

OFFENER MORD

Dieser Prozess war für beide Familien sehr schädlich.

So die Worte von Leitermans Anwalt zu Beginn seines Schlussplädoyers. Er fuhr fort, dass Leiterman Vater und Großvater war, der seinem Zuhause entrissen wurde, obschon er dort gebraucht und geliebt wurde, und dass er monatelang ohne Kaution eingesperrt und dann wegen eines jahrzehntealten Mordes, mit dem er in keiner Weise in Verbindung stand, vor Gericht gestellt wurde. Inzwischen war meine Familie einer quälenden Prüfung unterzogen worden, die alte Wunden aufgerissen hatte und uns zweifellos mit mehr Unsicherheit, mehr Schmerz und mehr unbeantworteten Fragen als zuvor zurücklassen würde. Am Ende seines Monologs ging er auf die Geschworenen zu und fragte theatralisch: *Warum Jane?* Um die Tatsache zu unterstreichen, dass es kein offensichtliches Motiv gab, das seinen Mandanten mit ihrem Tod in Verbindung brachte, wiederholte er noch einige Male die Worte *Warum Jane? Warum Jane?*, als wäre dies eine Frage, die niemand in meiner Familie sich je gestellt hatte.

Nichts davon ergibt einen Sinn, sagte er abschließend und schüttelte den Kopf.

In fast allen Einzelheiten lag er richtig.

Hiller trug sein Abschlussplädoyer so emotionslos und akribisch vor, wie er sich die ganze Zeit über verhalten hatte. Zu seiner düsteren Schilderung fügte er jetzt allerdings Gesten hinzu, die detailliert nachahmten, wie der Mörder Jane von der Beifahrerseite eines Autos gehoben und auf das Friedhofsgelände gebracht hätte. Er versuchte, den Geschworenen ein klares Bild davon zu vermitteln, wie und warum Leitermans Hautzellen sich an bestimmten Teilen ihrer Strumpfhose abgerieben hätten, seine Hände glitschig vom Schweiß durch das Adrenalin, die körperlichen Anstrengungen des Tötens, Schleppens und Zerrens. Während dieser Aufführung sah es so aus, als ob Hiller eine imaginäre Braut über die Schwelle trage oder einen Geist ins Bett brachte.

Mitzuerleben, wie der Fall nach 36 Jahren erneut aufgerollt wird, ist, als hätte man sie nicht einmal, sondern zweimal verloren, schrieb mein Großvater in einer knappen, 208 Wörter umfassenden Aussage über die Auswirkung auf das Opfer, gerichtet an »sehr verehrte Damen und Herren«, eine Aussage, die Hiller während Leitermans Urteil am 30. August 2005 verlas, jenem Tag, als Leiterman zu lebenslänglicher Haft ohne Bewährung verurteilt wurde.

Ich fühle mich nicht verpflichtet, der Familie Mixer eine Entschuldigung oder irgendeinen Ausdruck der Reue anzubieten, sagte Leiterman am selben Tag und brach damit sein langes Schweigen. *Und wie Dr. Mixer in seinem Brief schon erwähnte, war es ein schreckliches Gefühl, diesen Prozess im Juli letzten Jahres noch einmal zu durchleben, all die grässlichen Aussagen zu hören und all die grässlichen Fotos zu sehen. Was für ein schreckliches Gefühl. Aber ich möchte auch sagen, dass ich dieses Verbrechen nicht begangen habe, und ich werde alles tun, was in diesem Rechtssystem möglich ist, um meine Verurteilung anzufechten. Ich denke, das ist alles.*

Irgendwann, wenn alles vorbei ist, würde ich mich gerne mit Ihnen und Ihrer Familie zusammensetzen und dieses ganze ver-

rückte Rätsel entwirren, hatte Schroeder mir anfangs gesagt. Doch trotz stundenlanger harter Arbeit von über einhundert Personen aus verschiedensten Behörden (die Abteilung für Gewaltverbrechen in Ypsilanti, die Michigan State Police, das Major Case Team innerhalb der Livingston and Washtenaw Drug Enforcement Administration und so weiter) waren Polizei und Staatsanwaltschaft letztlich nicht in der Lage, irgendeine Verbindung zwischen Leiterman, Ruelas und Jane zu entdecken. Die Verteidigung ließ kein gutes Haar an dem Labor in Lansing, doch es gab nie einen überzeugenden Beweis für einen Laborfehler oder eine Kontamination. Niemand hat die leiseste Ahnung, wie das Blut des vierjährigen »Johnny« auf Janes linke Hand gelangen konnte. Leiterman wird höchstwahrscheinlich den Rest seines Lebens im Gefängnis verbringen und behaupten, dass er Jane nie gekannt, niemals eine Hand an sie gelegt und nicht die leiseste Ahnung hat, wie »eine Riesenmenge« seiner DNA über ihre gesamte Strumpfhose verteilt werden konnte. Am 11. Juli 2006 wurde seine erste Berufung abgelehnt. *Das ganze verrückte Rätsel würde niemals entwirrt werden.*

Ein paar Wochen nach der Verurteilung stößt mein Großvater im Fernsehen zufällig auf eine Sendung über ungeklärte Mordfälle. Die Episode hat mit einer kürzlichen Mordserie in Texas zu tun. Nach der Sendung ruft er meine Mutter an und spricht von seiner Sorge, dass es in Wahrheit dieser Mann aus Texas gewesen ist, der Jane getötet hat, und vielleicht war Leiterman doch der Falsche. Er sagt, er wolle mit Schroeder darüber reden; meiner Mutter gelingt es, ihn sanft davon abzubringen.

Am Tag nachdem *Tödliche Fahrt* im November 2015 ausgestrahlt wird, bekomme ich eine E-Mail von einem der Brüder meines Vaters, einem Mann, den ich vielleicht nicht erkennen würde, selbst wenn er hier neben mir in meinem Wohnzimmer säße. *Hoffentlich konnte die Mixer-Familie jetzt zumindest ein wenig mit dieser Sache abschließen,* schreibt er. *Ich wünschte, wir könnten mit Bruce' Tod etwas mehr abschließen. Eine Vermutung des Arztes über die Todesursache war nicht genug.* Eine Vermutung des Arztes? Ich schreibe sofort zurück und frage, ob irgendeine Unklarheit über den Tod meines Vaters herrsche, von der ich nichts weiß. Ich erhalte keine Antwort.

Als ich den Begriff *open murder* – »offener Mord« – zum ersten Mal hörte, hatte ich keine Ahnung, was er bedeutet. Leiterman war ursprünglich unter Anschuldigung des »offenen Mords« festgenommen worden, und die Geschworenen hatten die Anklage schlicht und einfach in »Mord« umgewandelt. Ich hatte erst geglaubt, ich hätte die Polizei falsch verstanden. Heute weiß ich, dass »offener Mord« eine absichtlich schwammige Anklage ist. Es bedeutet im Wesentlichen Mord ohne eine Geschichte.

Selbst wenn Leiterman »alles erzählen« würde – einmal davon ausgehend, dass er »alles weiß«, was auch immer das bedeuten mag, oder dass er nicht für immer verdrängt hat, was immer er weiß –, so wäre »offener Mord« für mich wahrscheinlich die richtigere Anklage. Die Inkohärenz der Tat, das Leid, das sie verursachte – diese Dinge sind nicht verhandelbar.

Sein Anwalt hatte jedoch Unrecht, den Prozess als schädlich zu bezeichnen.

DIE HAND GOTTES

Im März 2005, etwa auf halbem Weg zwischen Schroeders Telefonanruf im November und Leitermans Prozess im Juli, beschließe ich, für eine Lesung aus *Jane* in einem Buchladen in Ann Arbor nach Michigan zu fahren. An einem bitterkalten Morgen fliege ich nach Detroit, miete am Flughafen einen Wagen und suche mir für die Nacht ein billiges Motel in der Nähe.

Als ich in dem Motel eingecheckt habe, stelle ich fest, dass ich nicht genau weiß, was ich mit meinem Tag anstellen soll. Michigan fühlt sich an, wie es sich für mich immer angefühlt hat: klaustrophobisch und gespenstisch. Obwohl ich erst seit zwei Stunden in dem Staat bin, verspüre ich schon den Drang zu flüchten. Um in den Tag hineinzufinden, rufe ich Schroeder an und vereinbare, mich mit ihm auf der Polizeiwache der State Police in Ypsilanti zu treffen und vor meiner Lesung mit ihm in Ann Arbor zu Abend zu essen.

Ich verbringe die Hälfte des Morgens damit, in meinem Mietwagen um die University of Michigan herumzugondeln und Undergraduates zu beobachten, wie sie, eingepackt in Parkas, über den Campus huschen. Ich fahre an dem beeindruckenden, steinernen Gebäude der juristischen Fakultät vorbei, wo Jane zur Zeit ihres Todes wohnte und wo auch mein Vater einmal gewohnt hatte. Er schloss sein Studium der Rechtswissenschaften an der University of Michigan im Jahr 1968 ab, nur wenige Monate bevor Jane hier anfing zu studieren. Es fällt mir nicht leicht, ihn mir hier vorzustellen, auch wenn ich weiß, dass sein Geist hier noch präsent sein muss.

Ohne wirklich darüber nachzudenken, was ich gerade tue, lenke ich meinen Wagen auf der Route 12 aus der Stadt heraus, auf jener Straße, die zum Friedhof von Denton führt.

Ich war schon einmal dort gewesen, vor etwa drei Jahren während meiner Recherchen zu *Jane*. Jener Friedhofsbesuch war Teil einer qualvollen, aber wichtigen Reise, die ich mit meiner Mutter unternahm und während deren wir der Spur von Janes letzten Stunden nachgingen, so gut es uns – oder mir – eben möglich war. Es hatte Sinn ergeben, damals mit ihr den Friedhof von Denton zu besuchen. Es fühlte sich an wie eine Dienstleistung, mit ihr an einen Ort zu gehen, über den sie immer nachgedacht hatte, sich jedoch zu sehr fürchtete, um ihn allein zu besuchen.

Während ich jetzt den grauen Highway entlangfahre, erinnere ich mich an einen grusligen fiktiven Text über die Michigan-Morde, auf den ich einmal im Web gestoßen war – eine schlecht geschriebene Horrorgeschichte, in der eine Erzählerin und ihr Freund an jeden einzelnen Ort gehen, wo die toten Mädchen gefunden worden waren. Am letzten Ort, den die beiden aufsuchen, offenbart sich der Freund als der Mörder, und tötet sie dort. Als ich den Text las, war ich angewidert vom Gedanken daran, wie jemand all jene Orte aufsuchte, um für eine Schunderzählung über eine Reihe von Morden zu recherchieren, mit denen sie absolut nichts zu tun hatte. Und trotzdem war ich hier und lenkte meinen Mietwagen an das exakt selbe Stück Erde und fühlte mich dabei äußerst fremd.

Als ich das letzte Mal hier war, hatte ich Schwierigkeiten, den Friedhof zu finden. Es gab nur ein einziges, kleines, rostiges und leicht zu übersehendes Metallschild. Diesmal bin ich überrascht, dass sich hier einiges getan hat. Neue, saubere und klar verständliche Schilder weisen von der Hauptstraße den Weg. Der alte Maschendrahtzaun, derselbe, an dem sich Nancy Grow vorbeizugehen geschämt hatte und an dem meine Mutter und ich vorbeigegangen sind, wurde ausgetauscht.

Auf dem Schotterweg, der zum Friedhofstor führt, stecke ich hinter einem Müllauto fest, das den gesamten Weg über immer wieder langatmig anhält und schwerfällig anfährt. Als ich den Wagen parke, aussteige, regungslos vor dem neuen Zaun stehen bleibe und auf den schlammigen Boden starre, schauen die beiden Müllmänner, die an mir vorbeigefahren sind, skeptisch zu mir zurück.

Als ich mit meiner Mutter hier gewesen bin, war es sonnig und idyllisch, und um unsere Köpfe schwirrten Sommerinsekten. Heute ist es bedeckt und eiskalt, und ich komme mir vor wie ein Eindringling. Eine Spannerin, für die es nichts zu sehen gibt.

Ich konnte nicht sagen – ich kann immer noch nicht sagen –, was mir dieser Ort bedeutet, so leer wie er ist. Mir allein, ohne meine Mutter, ohne den erklärenden Schutz einer »Familiengeschichte«. Ich weiß, dass auch Schroeder mehrere Male allein hier rausgefahren ist – um sich als Detective Gedanken zu machen, was mit Jane passiert sein könnte, allerdings vermutlich aus anderen Gründen, Gründen, die ihm so unbegreiflich erscheinen mögen wie meine eigenen Gründe mir selbst.

Eine Sache scheint jedoch klar genug. Die Vorstellung, einen leblosen Körper aus einem Auto zu ziehen und ihn an diesem kalten, unheimlichen Ort zurückzulassen, wirkt auf mich außerordentlich grausam. Ich bleibe gerade lange genug hier, um zu dieser Erkenntnis zu kommen, dann gehe ich zurück ins Auto und fahre zu Schroeder auf seine Wache.

Ein Polizist am Schreibtisch teilt Schroeder über die Gegensprechanlage mit, dass ich da bin. Er befindet sich im unteren Stockwerk in einer Besprechung, und ich höre ihn scherzen: *Wir sind hier unten fast fertig, lass sie auf keinen Fall gehen – schließ notfalls die Tür ab.*

Wie man sich vorstellen kann, ist die Abteilung für Gewaltverbrechen auf der Wache der Staatspolizei die Art von Ort, an dem man sich bei Betreten sofort eingesperrt fühlt. Während der halben Stunde, die ich dort warte, höre ich dem Polizisten am Schreibtisch zu, wie er eingehende Anrufe entgegennimmt, und schreibe eine erstaunlich lange Abfolge von Missbräuchen mit. *Ja, das ist ein klarer Fall von schwerer häuslicher Gewalt – ein Verbrechen, weil er eine Waffe hatte, und was war dann? Er peitschte sie weshalb? Vier Stunden? Ja, er wird dafür einige Zeit sitzen, er hat eine Geschichte von häuslicher Gewalt, und jetzt kommt noch ein weiterer Fall davon dazu. Okay, klingt gut, wir sprechen uns später.* Wenn ich weghören möchte, schlendere ich zu der wandgroßen Karte des Staates Michigan und kritzele gedankenlos die Feinheiten von Flora und Fauna des Staates nieder: Staatsvogel, WANDERDROSSEL; Staatsbaum, WEYMOUTH-KIEFER; Staatsfisch, BACHSAIBLING; Staatsboden, KALKASKA.

Irgendwann lässt mich Schroeder rein und macht mit mir eine Blitztour durch das Gebäude. Mehrere Cops in den Fluren fragen mich, ob ich »die Phantombildzeichnerin« bin – eine Identität, die mir noch nie in den Sinn gekommen ist, die mich aber augenblicklich anspricht.

Einer der Räume auf der Tour ist Schroeders Büro. Über seinem Schreibtisch ist eine Fotoserie von den Opfern der Michigan-Morde zu sehen, die aus einer Zeitung der 60er Jahre stammt – dieselbe Serie, die vor vielen Jahren in einer Dachwohnung in Brooklyn, New York, auch über meinem Schreibtisch hing. Links von seinem Schreibtisch befindet sich ein hohes Regal, auf dem mehrere Pappkartons stehen. Es dauert einen Moment, bis mir klar wird, dass dies die Beweiskartons für jeden der Michigan-Mordfälle sind. Die Nachnamen der Mädchen sind auf der Vorderseite jedes Kartons mit Filzstift geschrieben: FLESZAR. SCHELL. SKELTON. BASOM. KALOM. BEINEMAN.

Ich weiß nicht, ob ich lachen oder weinen soll. Es fühlt sich an wie die letzte Szene von *Jäger des verlorenen Schatzes*, als die zentrale, zerstörerische und heilige Lade in eine Holzkiste verpackt und von einem Hausmeister in ein riesiges Lager mit identisch aussehenden Kisten geschoben wird, wo er unwissentlich erneut ihr Mysterium herstellt. Gott weiß, was diese Kisten bergen – welches »Zellmaterial« noch zu erforschen ist, welche Tropfen getrockneten Bluts, welche Ensembles von Kleidung, welche anderen willkürlichen und erschütternden Andenken von den Körpern und den Leben dieser Mädchen.

Die Tour führt mich auch in einen kleinen Raum voller verbeulter Aktenschränke, von denen Schroeder mir erzählt, er lasse seine Wut an ihnen mit Faustschlägen aus, wenn er all die entsetzlichen Dinge, die Menschen einander antun, nicht mehr ertragen kann. Ich bin mir nicht sicher, ob das ein Geständnis, eine Performance oder beides ist.

Wir fahren in getrennten Autos nach Ann Arbor und treffen uns in einem dunklen Pub gegenüber der Buchhandlung, in der ich später lesen soll. Wir bestellen beide Hamburger. Anschließend erzählt mir Schroeder, dass er sich während der Ermittlungen in Janes Fall vielen seiner Dämonen gestellt hat. Er fand den Ausweg aus einer schlechten Ehe, hörte auf zu trinken, verliebte sich in eine neue Frau und fing an, auf seine Gesundheit zu achten, die ernsthaft gefährdet war. Er holt seine Brieftasche hervor und zeigt mir Bilder von seiner neuen Partnerin, einer Sozialarbeiterin namens Carol, und ihren zwei Kindern und erzählt, er habe viel Spaß mit ihnen. Besondere Freude bereitet es ihm, mit den Kindern im Pool zu spielen.

In den letzten Jahren, sagt er mir, habe er ein Foto von Jane als Bildschirmschoner auf seinem Computer verwendet. Höchstwahrscheinlich wurde es in Frankreich gemacht, wo Jane einen Studentenaustausch absolvierte. Das Bild stammt von einem Film, den die Polizei 1969 fand, als man ihr Zimmer im Gebäude der juristischen Fakultät durchsuchte. Man hatte den Film in den Tagen unmittelbar nach ihrer Ermordung entwickeln lassen und die Abzüge anschließend gründlich auf Hinweise untersucht. Die Fotos brachten die Detectives nicht weiter, doch schließlich bekam Schroeder einen Abzug dieses herrlichen Bilds von Jane. Er sagt, dass er froh ist, ein Bild von ihr zu besitzen, das sich so drastisch von den Fotos des Tatorts und der Autopsie in ihrer Akte, mit denen er so viel Zeit verbringen musste, unterscheidet. Er sagt, er habe Leiterman dieses Bild während seines Verhörs gezeigt in der Hoffnung, Leiterman zum Zusammenbrechen zu bringen. Es kam zu keinem Zusammenbruch, doch Schroeder schwört, Leiterman habe gezittert.

Er sagt, er wolle mir keine Angst einjagen, doch er möchte mich wissen lassen, dass Janes Geist ihn mehr als einmal mitten in der Nacht heimgesucht habe. Er habe ihre Stimme klar und deutlich hören können. Er glaube, dass Janes Geist gekommen sei, um ihm in seinen Ermittlungen zu helfen und sein Leben zu verändern, sein Leben sogar zu retten. Er glaube, dass alles, was mit Janes Fall in Verbindung stehe – einschließlich meines Buches und unseres Beisammenseins hier und jetzt an diesem klebrigen Pub-Tisch –, in Wahrheit »von der Hand Gottes« gesteuert werde.

Ich denke zurück an eine E-Mail, die Schroeder einmal an meine Mutter geschickt hatte, die er mit den Worten beendete: *Wir arbeiten für Sie. Eigentlich sagen wir immer, wir arbeiten für Gott (wirklich, lassen Sie sich von mir einmal das Tattoo auf meinem rechten Arm zeigen), aber ich glaube, Sie verstehen, was ich meine.*

Ich höre ihm zu und nicke interessiert, während wir unsere Hamburger essen, und bin die ganze Zeit über leicht genervt. Ich hänge bei der Vorstellung des Geistes von Jane fest – in ihrem Regenmantel, mit ihrem kastanienbraunen Haar, das durch ihr babyblaues Haarband zurückgehalten wird, ihr Gesicht fleckig mit Blutspuren – und wie ihr Geist diesem stämmigen, rotgesichtigen Polizisten mitten in der Nacht etwas zuflüstert. Ich bin versucht, mich meiner geistigen Gesundheit zu versichern, indem ich mir sage, dass die Stimme von Jane, die er gehört hat oder hört, nur das ist, was er hören muss, um persönlich und beruflich weitermachen zu können. Doch während er redet, erinnere ich mich auch an Zeiten, während der Arbeit an *Jane* – besonders am Anfang –, als ich eine Präsenz in mir spürte, besonders in meinen Träumen – nichts, was ich unbedingt als Geist bezeichnen würde, aber doch eine Präsenz, etwas, das sehr stark »ich« war, aber sehr stark auch »nicht ich«.

Ich bin immer noch nicht sicher, wer Schroeders Jane ist oder wer meine Jane ist oder was sie – wenn überhaupt – miteinander zu tun haben. Wer oder was auch immer sie sind, ich kann mir nicht vorstellen, dass sie viel Ähnlichkeit mit Jane – mit ihr selbst – haben.

Einmal kam nach einer Lesung von *Jane* jemand aus dem Publikum auf mich zu und sagte, dass es cool sei, dass ich den Namen meiner Tante in Jane geändert habe, damit sie zu »Jane Doe« werden könne, Jane, eine Jedefrau, eine leere Leinwand, auf die man all seine Hoffnungen und Ängste projizieren könnte.

Auf intellektueller Ebene interessierte ich mich für das, was diese Frau sagte, doch die Vorstellung, eine Person zu nehmen und sie zu einem unbeschriebenen Blatt zu machen, entsetzte mich. Es erschien mir wie eine Form von Gewalt. Ich hatte Janes Namen nicht geändert, aber nichtsdestoweniger ging ich nach Hause und fragte mich, ob ich ein ungewisses, aber schweres Unrecht begangen hatte.

Kurz vor dem geplanten Prozessbeginn wird Schroeder mit einem schweren Magengeschwür ins Krankenhaus eingeliefert, das sich in einen Magenkrebs-Schrecken verwandeln wird. Seine Vorgesetzten werden ihn anschließend von Janes Fall abziehen und als Grund dafür seine Gesundheitsprobleme anführen, aber gleichzeitig erwähnen, dass seine »Objektivität« in Frage gestellt wurde. Meine Mutter und ich werden enttäuscht, aber nicht überrascht sein. Wenn der Prozess vorüber ist, wird Schroeder Carol einen Heiratsantrag machen. Sie werden uns zu ihrer Hochzeit einladen, die am ersten Jahrestag von Leitermans Verurteilung stattfinden wird.

Doch all das wird erst noch kommen. Zunächst begleitet mich Schroeder vom Restaurant zu meiner Lesung, die er vielleicht besuchen wollte, er entscheidet sich jedoch anders, als er das stille Publikum auf Klappstühlen in der hell beleuchteten Buchhandlung sieht. Aber das ist in Ordnung. Durch die Lesung fühle ich mich auf eine bizarre Weise emotional und exponiert, wie es bei Lesungen manchmal der Fall sein kann. Später, als ich in mein dunkles Motel fahre, spüre ich, wie mich eine vertraute Art der Einsamkeit ergreift, die immer nach Lesungen einsetzt und verstärkt wird durch das ungute Gefühl, mich im Land von Janes Leben und Tod zu befinden.

Ich gehe ins Bett und schalte den Motel-Fernseher ein in der Hoffnung, so schnell wie möglich einzuschlafen und am Morgen sofort aus Michigan abzuhauen. Stattdessen bin ich hellwach und bis spät in die Nacht vollkommen gefesselt von einer *Law & Order*-Episode. Der Haupthandlungsstrang umfasst einen Serienvergewaltiger, dessen Markenzeichen Erdrosselung ist; die Frauen, die seine Angriffe überlebt haben, sagen vor Gericht mit rötlich violetten Ringen um ihren Hals aus – Blutergüsse, die von dem Strick des Vergewaltigers zurückgelassen wurden.

Foto #6:
Kein Gesicht oder Körper. Nur eine Nahaufnahme von Fleisch, von weißem Fleisch mit einer dunklen Falte darin. Es dauert einige Zeit, bis man erkennt, dass dies das Porträt eines Halses ist, das Porträt von Janes Hals, nachdem der Strumpf aus dem Fleisch herausgeschnitten wurde. Das ist das Foto, vor dem uns Hiller mit den Worten »die Strangfurche ist sehr tief« gewarnt hatte. Darauf erscheint Janes Hals geformt wie eine Sanduhr, der zusammengeschnürte Teil in der Mitte unfassbar schmal, etwa so breit wie eine Klopapierrolle anstatt der Breite eines Halses.

Es ist beinahe unmöglich, tiefer ins Fleisch zu gelangen. Würde man weiter zudrücken, würde man den Hals durchtrennen.

Als ich einschlafe, abrupt, absehbar, habe ich einen Albtraum. Es ist ein wiederkehrender Albtraum, der, wie viele Albträume, auf eine schöne Art beginnt. In diesem Traum schwimme ich in einem wundervollen, mächtigen, blau-goldenen Ozean. Meine Mutter steht am Ufer. Die Wellen beginnen klein, werden aber schnell größer und treiben mich auf See hinaus. Wenn ich zurück ans Ufer schaue, ist meine Mutter nur noch ein schwarzer Punkt. Dann ist sie weg. Ich erkenne sofort, dass sie mir nicht helfen kann und dass ich sterben werde.

Ich kenne diesen Traum gut. Nicht nur weil er wiederkehrt, sondern weil er eine Neuinterpretation einer Episode aus meiner Kindheit ist, in der ich beinahe ertrank. Mein Vater war gerade gestorben, und trotz der Tatsache, dass wir uns alle in einem Schockzustand befanden, beschlossen meine Mutter und ihr Ehemann, eine Reise nach Hawaii anzutreten, die sie Monate zuvor geplant hatten. Seine sechsjährige Tochter aus einer früheren Ehe würde uns begleiten und die ganze Reise über unter einer mysteriösen allergischen Reaktion leiden, die ihre Haut fleckig machte und die meine Mutter und ihr Mann unbedingt auf eine Ananaspizza zurückzuführen versuchten, die wir uns alle an unserem ersten Abend auf der Insel geteilt hatten.

Eines Tages während dieses quälenden Trips fuhren wir zu einem abgelegenen schwarzen Sandstrand. Jahre des Schwimmens im Pazifischen Ozean hatten in mir ein Gefühl von Unbesiegbarkeit und Furchtlosigkeit gegenüber den Rückströmen der Brandung im hawaiianischen Gewässer erzeugt, und ich stürmte schnell ins Wasser.

Nachdem ich ein paar Minuten geschwommen war, schaute ich zurück zum Ufer und stellte fest, dass mein neuer »Familienverbund« nicht größer aussah als ein kleiner Klecks in der Weite. Dann, innerhalb von gefühlten Sekunden, wurde ich gegen einige große, zerklüftete Felsen am anderen Ende der Bucht geschleudert. Jede einzelne riesige Welle schlug auf mich herab und drückte mich unter Wasser. Ich konnte keinen Atemzug nehmen. Als ich nach unten sah, bemerkte ich, dass meine Beine mit Blut überströmt waren.

Trotz des ganzen Durcheinanders in jenem Moment fühlte sich alles ganz langsam und langatmig an. Und da begriff ich zum ersten Mal, dass mein Vater tot war. Und ich begriff auch, dass meine Mutter mich nicht vor dem Tod bewahren konnte – nicht jetzt und auch sonst nie. Ich spürte eine Gelassenheit, hörte ein Summen und hatte den Gedanken: *So also wird es enden.*

Ich erwachte aus diesem Albtraum in ein eiskaltes Motelzimmer: Irgendwann in der Nacht war die Heizung ausgefallen, und die Klimaanlage blies nun eisige Luft in den Raum.

Zuerst versuchte ich mich unter der hässlichen Bettdecke des Motels warm zu halten, indem ich an den Mann dachte, den ich liebte. Zu jener Zeit reiste er durch Europa und war somit unerreichbar. Damals wusste ich es nicht, doch während ich dort lag, war er mit einer anderen Frau unterwegs. Spielt das jetzt eine Rolle? Ich gab mir alle Mühe, seinen Körper zu spüren, wie er meinen Körper fest umschloss.

Als Nächstes versuchte ich mir jeden Menschen vorzustellen, den ich jemals geliebt hatte, und wie die Körper all derer, die mich jemals geliebt hatten, meinen Körper fest umschlossen. Ich versuchte zu spüren, dass ich eine Mischung all dieser Leute war, statt allein zu sein in einem miesen Motelzimmer mit einer kaputten Heizung irgendwo außerhalb von Detroit, ein paar Meilen entfernt von dem Ort, an dem Janes Leiche vor sechsunddreißig Jahren in einer Märznacht wie dieser abgelegt wurde.

Braucht einander so sehr, wie ihr es ertragen könnt, schreibt Eileen Myles. *Wohin auch immer in der Welt es euch verschlägt.*

Ich hatte in dieser Nacht das wilde Bedürfnis nach irgendeinem oder all diesen Menschen. Als ich so alleine dalag, begann ich zu fühlen – vielleicht sogar zu wissen –, dass es mich ohne meine Liebe für sie und mein Bedürfnis nach ihnen nicht gab, und vielleicht gab es auch sie nicht ohne ihre Liebe und ihr Bedürfnis nach mir.

Dieser letzteren Erkenntnis fühlte ich mich weniger sicher, doch schien sie möglich, wenn die Gleichung in beide Richtungen funktionierte.

Beim Einschlafen dachte ich: *Vielleicht ist das für mich die Hand Gottes.*

CODA

Ein schweres Gewitter rollt über der Stadt heran. Meine Mutter und ich sitzen auf Jills windgeschützter Veranda und rauchen eine Zigarette, während der Himmel dunkel wird und es zu donnern beginnt. Als der Regen kommt, kommt er heftig.

Vielleicht weil ich in Kalifornien aufgewachsen bin, habe ich Angst vor Blitz und Donner. Ein Gewitter scheint mir immer ein Zeichen dafür zu sein, dass die Apokalypse unmittelbar bevorsteht. Meine Mutter hingegen liebt heftige Stürme. Wir lassen diesen Sturm über uns ergehen, während wir in unserer kleinen vergitterten, geborgten Veranda sitzen, als wären wir in einem Käfig in die Tiefsee hinabgelassen worden, der uns vor den stumpfnasigen Haien schützte, die gegen die Stäbe schlagen könnten.

Wir tauschen ein paar Bemerkungen über die Ereignisse des Tages vor Gericht aus, die orangefarbenen Kirschen unserer Zigaretten wippen in der Dunkelheit, das Gesicht meiner Mutter wird stoßweise von violetten Blitzen erleuchtet. Dann, vorsichtig, behutsam, als würden wir einen schmerzenden Zahn mit flinker Zunge untersuchen, sprechen wir über die Autopsie-Fotos. Vielleicht kann ihre Wucht gemildert werden, indem man über sie spricht, während man auf Korbmöbeln sitzt. Ihre Anarchie.

Ich bringe die erste Aufnahme zur Sprache, jene Fotografie, auf der Janes blasse Achselhöhle zu sehen ist.

Sie sieht darauf so schön aus, sagt meine Mutter wehmütig. Sofort will ich widersprechen – teils aus Gewohnheit, teils weil es so klingt, als versuchte sie, das beste Foto aus einer Reihe von Publicity-Porträts herauszupicken. Doch es hat eigentlich keinen Sinn, mit ihr zu diskutieren. Das ruhige Profil von Janes Gesicht, ihr Mund war leicht geöffnet, ihre junge Haut strömte Licht aus – was wahrscheinlich am Blitzlicht der Kamera lag, die der Gerichtsmediziner benutzte, aber dennoch ließ sie ihre Haut wie das Göttliche in einem Renaissancegemälde erscheinen – ja, sie sieht schön aus auf diesem Bild.

Meine Mutter erzählt weiter, dass Jane – als meine Mutter sie während der Bestattung sah –, nicht wie ihre Schwester aussah. Sie hatte dieses seltsame, aufgedunsene, fremdartige Aussehen einer seit mehreren Tagen toten Frau. Aber auf diesem Foto, das wenige Stunden nach ihrer Ermordung aufgenommen wurde, erkennt sie sie. Selbst mit den dunklen Schusswunden, selbst mit ihrem nassen und von trockenem Blut verklebten Haar, selbst mit dem Strumpf, der unaussprechlich tief in ihren Hals gegraben ist, erkennt sie ihre Schwester. Sie sagt, sie sei froh, sie wiederzusehen. Sie sagt, sie sei froh, endlich sehen zu können, was ihr angetan wurde.

Bevor wir schlafen gehen, wird sie alle Fenster in Jills Haus öffnen, so dass wir sehr deutlich den Regen hören können.

Am Abend seines Todes betrat ich nicht das Schlafzimmer meines Vaters, doch meine Mutter fragte, ob ich ihn sehen wollte, bevor er eingeäschert würde. Ich sagte ja. Wir fuhren schweigend zum Bestattungsunternehmen.

Sie führte mich in den Raum, wo seine Leiche auf einem

Tisch lag, einbalsamiert und in einem seiner Geschäftsanzüge. Sie fragte, ob ich einen Moment mit ihm allein verbringen wolle. Ich sagte ja, und sie ging und schloss die Tür hinter sich.

Dies war der Augenblick, auf den ich gewartet hatte, der Moment, der die harte Tatsache seiner Abwesenheit hervorbrachte, der Moment, der das Geheimnis enthüllen würde, das Geheimnis, das es mir erlauben würde, loszulassen, mich zu verabschieden.

Sobald sie die Tür geschlossen hatte, durchfuhr mich ein Gefühl der absoluten Panik. Verstört scannte ich den Raum, wie ein Polarbärenbaby in der Tundra, das plötzlich, in Todesangst, von seinem Rudel getrennt war. Ich suchte in dem geschmackvoll beleuchteten, elegant eingerichteten Zimmer nach einem Versteck. Ein roter Samt-Diwan schien eine Möglichkeit zu sein. Niemand würde mich jemals finden. Irgendwann würde ich einfach verschwinden.

Allein, Verschwinden war nicht die Aufgabe. Die Aufgabe bestand darin, mich dem Körper meines Vaters zu nähern, was ich nach einer Weile auch tat. Er trug seine Brille, was richtig, aber seltsam schien, da ich wusste, er würde sie nicht mehr benötigen. Seine Hände waren vor seiner Brust gefaltet, und seine Fingerspitzen waren dunkellila. Er sah aus, als versuchte er, ein ernstes Gesicht zu machen, obwohl er aufspringen wollte, um den ganzen Spuk zu beenden. *Ich bin unsterblich, bis sie mir das Gegenteil beweisen!* Ich schaute ihn lange genug an, um sicherzugehen, dass das nicht der Fall war. Dann sagte ich ihm, dass ich ihn liebte, küsste sein Gesicht und verließ den Raum.

QUELLEN

Georges Bataille, *Die Erotik*, übers. v. Gerd Bergfleth, Berlin 2013.

Samuel Beckett, *Endspiel, Fin de Partie, Endgame*, übers. von Elmar Tophoven, Berlin 1974.

Anne Carson, »Die Autobiographie von Rot«, in: *Rot. Zwei Romane in Versen*, übers. von Anja Utler, Frankfurt am Main 2019.

Angela Carter, *Blaubarts Zimmer. Märchen aus der Zwischenwelt*, übers. von Sybil Gräfin Schönfeldt, Reinbek bei Hamburg 1982.

Pema Chödrön, *Geh an die Orte, die du fürchtest*, übers. v. Stephan Schuhmacher, Freiburg 2007.

Joan Didion, *Wir erzählen uns Geschichten, um zu leben*, übers. von Antje Rávik Strubel, Berlin 2008.

James Ellroy, *Die Rothaarige*, übers. von Tina Hohl und Heinrich Anders, Berlin 2018.

John Felstiner, *Paul Celan. Eine Biographie*, übers. von Holger Fließbach, München 2015.

Edward Keyes, *The Michigan Murders*, New York 1976.

Thomas Merton, *Keiner ist eine Insel. Betrachtungen über die Liebe*, übers. von Annemarie von Puttkamer, Ostfildern 2015.

Joni Mitchell, »California«, in: *Blue*, Reprise Records 1971.

Michael S. Moore, »A Defense of the Retributivist View«, in: *What Is Justice?*, hg. v. Robert C. Solomon und Mark C. Murphy, New York, Oxford 2000.

Eileen Myles, »To the Class of '92«, in: *Maxfield Parrish: New and Selected Poems*, Santa Rosa, CA 1995.

Bruce Nelson, *Papiere*, gedruckt v. Charles M. Hobson III, 1984.

Adam Phillips, *Winnicott*, übers. von Florian Langegger, Göttingen 2009.

Sylvia Plath, »Daddy«, in: *Ariel*, übers. von Alissa Walser, Berlin 2008.

Platon, »Phaidon«, in: *Werke. Band 3*, übers. von Friedrich Schleiermacher, Darmstadt 2019.

Arthur Schopenhauer, *Sämtliche Werke in fünf Bänden – Band IV: Parerga und Paralipomena,* Frankfurt am Main 1986.

Paul Schrader, Drehbuch: *Taxi Driver,* 1976.

D. W. Winnicott, »Die Angst vor dem Zusammenbruch«, in: *Die andere Urszene,* hg. von Marcus Coelen, übers. von Peter Wegner und Ruth Jaschke, Zürich, Berlin 2008.

Virginia Woolf, *Augenblicke des Daseins. Autobiographische Skizzen,* übers. von Brigitte Walitzek, Frankfurt am Main 2012.

Hilfsmittel

American Civil Liberties Union, www.aclu.org

Citizens United for Alternatives to the Death Penalty, www.cuadp.org

Combined DNA Index System, www.fbi.gov/hq/lab/codis

Critical Resistance, www.criticalresistance.org

Death Penalty Information Center, www.deathpenaltyinfo.org

DNA Fingerprinting and Civil Liberties Project of the American Society of Law, Medicine, & Ethics, www.aslme.org/dna_04

Fairness and Accuracy in Reporting, www.fair.org

INCITE!, Women of Color Against Violence, www.incite-national.org

The Innocence Project, www.innocenceproject.org

The Justice Project, www.justiceproject.org

Murder Victims' Families for Human Rights, www.willsworld.com/~mvfhr

Murder Victims' Families for Reconciliation, www.mvfr.org

360 Degrees: Perspectives on the U. S. Criminal Justice System, www.360degrees.org

DANKSAGUNG

Vielen Dank an PJ Mark, Liz Stein, Maris Kreizman, Amra Brooks, Brian Blanchfield, Matthew Sharpe, Suzanne Snider, Wayne Koestenbaum, Janet Sarbanes, Mady Schutzman, Eileen Myles, Sally Baumer, Lauren Sanders, Richard Nash, Cort Day, Kate Egan, Jordana Rosenberg, Lily Mazzarella, Gretchen Hildebran, Judy Kann, die Michigan State Police – besonders Detective Sergeant Eric Schroeder und Detective Sergeant Denise Powell, Patrick »PJ« Moore, James Bundshuh und Kenneth Rochell –, Assistenzoberstaatsanwalt Steven Hiller, Opferanwältin LeAnn Kaiser, Maureen Maher, Chris Young und Gail Zimmerman von CBS News, Dan und Lynne Mixer, Dr. Dan Mixer, Jill Johnson, Kristi Gilbert, Phil Weitzman, Craig Tracy, Kat Hartman, Barbara Nelson und Emily Jane Nelson. Dieses Buch wäre nicht möglich gewesen ohne ihre Intelligenz, Großzügigkeit und Menschlichkeit.